JUNHO DE 1941
Hitler e Stálin

John Lukacs

Junho de 1941
Hitler e Stálin

Tradução:
Carlos Alberto Medeiros

ZAHAR
Jorge Zahar Editor
Rio de Janeiro

Este livro é dedicado a Robert Ferrel

Título original:
June 1941: Hitler and Stalin

Tradução autorizada da primeira edição norte-americana,
publicada em 2006 por Yale University Press,
de New Haven, EUA, e Londres, Inglaterra

Jorge Zahar Editor Ltda.
rua México 31 sobreloja
20031-144 Rio de Janeiro, RJ
tel.: (21) 2108-0808 / fax: (21) 2108-0800
e-mail: jze@zahar.com.br
site: www.zahar.com.br

Capa: Sérgio Campante
Ilustração da capa: Hitler, DC © Corbis/Latinstock
Stalin, DC © Bettmann/Corbis/Latinstock

CIP-Brasil. Catalogação-na-fonte
Sindicato Nacional dos Editores de Livros, RJ

Lukacs, John, 1924-
L98j Junho de 1941: Hitler e Stálin / John Lukacs; tradução, Carlos Alberto Medeiros. — Rio de Janeiro: Jorge Zahar Ed., 2007.

Tradução de: June 1941: Hitler and Stalin
Apêndice: O mistério da "Carta" de Hitler e o Plano Mensageiro
Inclui bibliografia
ISBN 978-85-7110-986-5

1. Hitler, Adolf, 1889-1945. 2. Stalin, Josef, 1879-1953. 3. Guerra Mundial, 1939-1945 – Campanhas – Rússia. 4. Guerra Mundial, 1939-1945 – Rússia. 5. Guerra Mundial, 1939-1945 – Alemanha. I. Título. II. Título: Hitler e Stálin.

CDD: 940.54217
07-0888 CDU: 94(100)"1939/1945

Sumário

1 Uma perspectiva histórica

O dia 22 de junho de 1941 caiu num domingo. Antes do amanhecer – a claridade despontava no que seria o dia mais longo do ano: as tropas da Alemanha de Hitler invadiam o império russo, a União Soviética de Stálin. Na noite de 23 de junho de 1812, 129 anos antes, patrulhas francesas haviam cruzado o rio Niemen e entrado na Rússia e a vanguarda do *Grande Armée* de Napoleão continuaria a progredir no dia seguinte. A Rússia e os russos acabaram derrotando Napoleão e Hitler, mas as conseqüências dos dois revides foram diferentes. O triunfo dos russos sobre Napoleão confirmou e ampliou o status da Rússia como grande potência européia – condição já existente antes de 1812 e que prevaleceu por mais um século, até 1917. O triunfo de Stálin sobre Hitler transformou-a na potência dominante da Europa oriental e numa das duas superpotências mundiais – mas essa situação, principal causa da chamada "Guerra Fria", durou menos de meio século, até 1989.

Houve na Segunda Guerra Mundial um fato decisivo que ainda hoje muitos não compreendem: apesar de sua tremenda superioridade em termos materiais, financeiros, industriais e de mão-de-obra, a aliança anglo-americana não poderia ter vencido a Alemanha de Hitler sem a Rússia. Por isso, o dia 22 de junho de 1941 foi a verdadeira "virada" da Segunda Guerra Mundial. Mais importante que Pearl Harbor, pois mesmo antes disso os Estados Unidos já travavam uma guerra naval não-declarada contra a Alemanha no Atlântico. Foi também mais importante que Stalingrado, pois mesmo que o Sexto Exército alemão tivesse conquistado a cidade, a Grã-Bretanha, os Estados Unidos e a Rússia continuariam lutando.

A guerra de Hitler foi a última tentativa de uma potência européia e a segunda tentativa alemã de dominar a maior parte da Europa. As guerras napoleônicas foram a última tentativa da França nesse sentido. Invadir a Rússia levou à queda de ambos. Por isso, tanto em 1815 quanto em 1945, os aliados tiveram de compartilhar com os russos os resultados dessas vitórias. Mas o paralelo termina aí. Em 1945, a divisão da Europa e a ocupação do Leste europeu por Stálin produziram uma Guerra Fria entre a Rússia e o Ocidente. O mesmo não aconteceu depois de 1815. Em 1914, 99 anos depois, a Rússia entrou mais uma vez numa guerra européia contra a perspectiva de uma única potência dominar a maior parte do continente. Mas, em 1917, aconteceu algo diferente do que ocorreu em 1815 e 1945. Devido às revoluções de 1917, a Rússia se retirou da Grande Guerra. A entrada dos Estados Unidos na Primeira Guerra Mundial fez com que os aliados saíssem vitoriosos em 1918, mesmo sem a Rússia. Isso lhes conferiu uma enorme vantagem, que eles não souberam interpretar nem administrar. Os resultados foram os tratados de paz draconianos de 1919 e 1920, que beneficiaram Hitler e propiciaram o reerguimento da Alemanha. Em contraste, as duas revoluções russas de 1917, especialmente a bolchevique, deixaram a Rússia enfraquecida.[1] Poucos perceberam isso na época. Mesmo hoje, poucos se dão conta disso.

Basta por ora dessas perspectivas históricas (mesmo que sejam perspectivas, não especulações). Em 1941, exatamente a 22 de junho, tudo dependia de dois homens, Hitler e Stálin. Isso em si refuta a opinião corrente dos cientistas sociais, segundo a qual a história, especialmente na era das massas, seria governada por amplas forças materiais e econômicas, não por indivíduos. A Segunda Guerra Mundial não foi somente marcada, mas decidida por personalidades, pelas preferências e decisões de homens como Hitler, Churchill, Stálin, Roosevelt. Considerar Hitler e Stálin como ditadores é uma explicação insuficiente. Nem todos os ditadores são estadistas, nem todos são líderes bem-sucedidos em guerras. Mas há algo surpreendente e chocante nas relações entre esses dois homens que torna extraordinários não só os eventos que levaram ao 22 de junho de 1941, mas a história daquele dia em si. Quando um não quer, dois não entram em guerra. Mas, em 22 de junho de 1941, Hitler quis a guerra com a Rússia, de qualquer jeito. Ele nem chegou a apresentar exigências a Moscou, pois temia que Stálin pudesse aceitá-las. Ao mesmo tempo, Stálin não queria uma guerra com a Alemanha, não desejava lutar com Hitler, apesar de todas as evidências de uma iminente invasão alemã. Tampouco acreditava que Hitler fosse atacá-lo, pois não só não podia, como não queria acreditar nessa possibilidade. Isso não tem precedente na história da Rússia, e ocorreu poucas vezes na história mundial. Mas foi isso que tornou os acontecimentos – não apenas antes, mas durante aquele fatídico 22 de junho de 1941 – tão extraordinariamente dramáticos.

parte I HITLER E STÁLIN

2 HITLER

"Estou livre de minhas aflições mentais..."

A decisão de Hitler de invadir a Rússia foi elaborada por etapas. Os estágios decisivos foram as ordens dadas em 31 de julho e 18 de dezembro de 1940, e 21 de junho de 1941. Em 31 de julho, ele ordenou a alguns de seus generais que preparassem uma campanha eventual contra a Rússia; em 18 de dezembro, encomendou os planos para a invasão, a Operação Barba Ruiva; em 21 de junho de 1941, veio a urgente, definitiva e irrevogável ordem "Dortmund", de iniciar a guerra no dia seguinte. Vamos seguir nesses estágios, que não eram inevitáveis nem totalmente previsíveis. O próprio Hitler os concebeu depois de consideráveis especulações.

A maioria das pessoas, incluindo historiadores que escreveram sobre Hitler, tem como certo que a decisão de atacar e conquistar a Rússia era inevitável e estava ancorada em sua mente desde os primeiros dias de sua trajetória política. Há, claro, múltiplas evidências disso, e elas pertencem a três grandes categorias, embora superpostas. Envolvem estratégia, objetivos nacionais alemães e ideologia. Em seus primeiros discursos, Hitler afirmou que o Kaiser Guilherme II e seu governo estavam errados em ver a Grã-Bretanha como o principal inimigo da Alemanha, já que o futuro de seu país estava no Leste e não no Oeste, e que os principais esforços alemães na Primeira Guerra Mundial deveriam ter sido dirigidos contra a Rússia.[1] Depois, em *Mein Kampf* (que ele ditou entre 1924-25), assim como em seus discursos e textos posteriores, Hitler expôs a sua idéia ou propósito nacional e geopolítico do *Lebensraum**, segundo o qual o povo alemão precisava – e tinha o direito de – se expandir na direção do Leste a fim de conquistar pelo menos uma porção da Rússia européia e para estabelecer colônias alemãs, o que seria condizente com um povo dominador.[2] Finalmente – digo "finalmente" porque os dois elementos anteriores podem ter estado em sua mente mesmo antes de 1919 –, a mudança decisiva em seu pensamento e em sua carreira foi o ódio e o desprezo que nutriu pelo comunismo, que não ocorreu como ele disse (e muitos historiadores ainda acreditam), em Viena, mas por volta dos seus 30 anos em Munique. Esses sentimentos se cristalizaram durante o que ele presenciou no breve período do governo comunista em Munique, na primavera de 1919. O fato de a Rússia não ser mais um Estado czarista, e sim comunista e o centro autoproclamado da revolução internacional, fazia dela o objeto de seu ódio declarado.

---

* Espaço vital. (N.E.)

Desse modo, a russofobia, a expansão alemã, o anticomunismo, além da judaicofobia, parecem ter sido as principais fontes do pensamento político, social, ideológico e estratégico de Hitler, que o impulsionaram adiante. Tudo isso é verdade, mas, talvez, uma verdade insuficiente. Lembra a conhecida criada irlandesa que, questionada pelos vizinhos se as fofocas sobre a jovem viúva do final da vila eram verdadeiras, respondeu: "Não são verdade, mas suficientemente verdadeiras." O historiador, penso, deve levar em consideração quase o oposto: algumas coisas podem ser verdadeiras, mas essas verdades não bastam. É inegável que Hitler odiava o comunismo e os comunistas. Mas devemos levar em conta duas advertências. Mais de uma vez, Hitler disse que seu desprezo pelos liberais e socialdemocratas era maior do que o que sentia pelos (em suas palavras, equivocados) comunistas da classe trabalhadora. Mais importante: em 1919 e muitas vezes depois disso, ele descobriu como podia utilizar para seus próprios fins políticos o ódio e o medo que o comunismo inspirava. O anticomunismo era extremamente popular na Baviera e em outras partes do mundo. Ele soube extrair bons dividendos disso, como veremos em alguns exemplos expressivos. Minha teoria é que não se pode separar suas convicções de sua compreensão da popularidade do anticomunismo. Ele reconhecia que o anticomunismo exercia uma atração muito maior do que o próprio comunismo.

Isso pede uma explicação. Muitas pessoas, tanto os comunistas quanto seus adversários, acreditavam (e muitas ainda acreditam) que as lutas de classe eram mais decisivas e profundas do que os conflitos entre nações. Conseqüentemente, a propagação internacional da revolução comunista em escala mundial era um desafio maior e mais perigoso para a civilização do que o choque entre Estados nacionais. Sobretudo depois de 1917, quando o comunismo e os comunistas chegaram ao poder na Rússia e Moscou se tornou o centro e o foco da irradiação das revoluções comunistas.

Mas não foi isso que aconteceu. Na década de 1790, as idéias e influências da Revolução Francesa se espalharam pela Europa ocidental, até em lugares sem a presença dos exércitos revolucionários franceses. Depois de 1917, todos os povos vizinhos da Rússia na Europa oriental rejeitaram o comunismo e, invadidos, repeliram a tentativa de imposição do regime pelo Exército Vermelho. Entre 1917 e 1941 (na verdade, até 1945, com exceção da Mongólia), a União Soviética foi o único Estado governado por comunistas em todo o mundo. Ao mesmo tempo, o anticomunismo se tornou um ingrediente popular do ideário cívico e político de quase todas as nações européias – na verdade, da maior parte do mundo.

O anticomunismo não se restringia aos capitalistas ou burgueses. Na Itália, ajudou Mussolini a chegar ao poder. Na Alemanha, ajudou Hitler. E Hitler foi suficientemente inteligente para surgir como o principal defensor do anticomunismo, não apenas durante sua ascensão ao poder, mas também depois. Em novembro de 1932, ele disse ao presidente Hindenburg* (que o nomearia chanceler** da Alemanha poucas semanas depois): "A bolchevização das massas avança rapidamente." Ele sabia que não era bem assim, mas também sabia que esse tipo de argumento impressionaria Hindenburg e seus conservadores. Oito meses depois, ao justificar o fato de a Alemanha ter abandonado a Liga das Nações, Hitler afirmou num discurso: "A revolta vermelha poderia se espalhar pela Alemanha como um rastilho de pólvora ... Temos travado há oito meses uma luta heróica contra a ameaça comunista ao nosso povo." (A declaração foi feita numa época em que os comunistas da Alemanha tinham sido liquidados e seus líderes es-

* Paul von Hindenburg, presidente da Alemanha entre 1925-34. (N.E.)
** O que na Alemanha significa o cargo de primeiro-ministro. (N.E.)

tavam na prisão ou fugiam para o exílio.) Em junho de 1934, ele disse a três bispos católicos alemães: "A defesa da Europa contra o bolchevismo é nossa tarefa pelos próximos 200 ou 300 anos."

Não eram só os alemães ou os conservadores que acreditavam nisso. A idéia de que a Alemanha nacional-socialista era um baluarte contra a barbárie comunista apoiada pela Rússia era compartilhada por vários tipos de pessoas. (Até hoje muita gente, não apenas alemães, ainda acredita nisso.) Em primeiro lugar, esse era um elemento importante da política de apaziguamento (*appeasement*) nas tendências políticas de muitos conservadores britânicos e da maioria dos membros do Parlamento eleitos em 1935. Hitler sabia muito bem como tirar vantagens disso. Em 1936, ele estabeleceu um pacto "AntiComintern", que incluía Itália e Japão, três ou quatro anos antes de concretizar sua aliança militar com esses países. Também está ligado ao anticomunismo seu ativo apoio militar aos franquistas na Guerra Civil espanhola de 1936-39, mais efetivo que o apoio de Stálin aos antifranquistas. (A idéia de que o Terceiro Reich de Hitler representava a defesa do "Ocidente", da civilização européia contra o comunismo asiático ou judaico-bolchevique ficou renovada no momento de sua invasão da Rússia em 1941, quando tentou recorrer a todo tipo de gente, e atraiu mais de cem mil voluntários estrangeiros para os seus exércitos, o que não foi suficiente para evitar sua derrota.)

Em suma: o anticomunismo foi um instrumento importante na forma como Hitler conduziu seu governo. Ainda hoje, a imagem de Hitler aceita universalmente continua sendo a de um ideólogo fanático, com talento para a demagogia, mas que, em última instância, cortejou o desastre, porque se deixou guiar por sua ideologia colocando-a acima da razão, às expensas do entendimento político, diplomático e militar. É uma generalização simplista. No que diz respeito ao desempenho de seu comando militar, houve muitas situações em que seus generais – alguns deles eram os melhores generais do mundo naquela época, se não *os* melhores – estavam certos e Hitler estava errado. Mas também houve muitas situações em que ele estava certo e os generais, errados. Devemos reconhecer também, embora com relutância, que Hitler demonstrou muitas habilidades no que se refere à arte de governar. O propósito dessa afirmação não é enaltecê-lo; pelo contrário: era um homem dotado de talentos freqüentemente usados para fins malignos. Mas este pequeno livro não aborda as virtudes e os vícios de Hitler mas sua relação com a Rússia e com Stálin. E na história dessa relação há múltiplas e reveladoras evidências de que suas reflexões sobre a arte de governar – mais precisamente: sua avaliação das perspectivas, tanto da Alemanha quanto próprias – foram mais importantes do que sua ideologia.[3]

Havia uma dualidade na relação da Alemanha com a Rússia antes de Hitler. De 1918 a 1933, a República alemã fora decididamente anticomunista (da mesma forma que o povo alemão, com exceção da minoria comunista). Ao mesmo tempo, alguns dos elementos mais conservadores do regime germânico, entre os quais se destacavam os membros do Estado-maior, preferiam manter relações confidenciais e potencialmente lucrativas com a Rússia, fosse ela comunista ou não. Em 1926, a Alemanha e a União Soviética assinaram um tratado de não-agressão. Mais significativo do que isso foi o acordo secreto concluído em 1922 entre Berlim e Moscou. Ele permitia que oficiais do Estado-maior alemão fossem clandestinamente à Rússia participar de treinamentos do Exército Vermelho. Em contrapartida eram construídas estações e fábricas experimentais onde esses oficiais e seus equivalentes russos trabalhavam na produção de protótipos de veículos e aviões blindados cujo acesso era vedado à Alemanha pelo Tratado de Versalhes. Tudo isso era mais sugestivo do que importante, mas devemos reconhecer sua existência considerando também a geografia política da Europa na época, o que inclui a Polônia, situada entre a Alemanha e a Rússia, vista por ambas as nações como um assunto amplo e desagradável.

Evidentemente, Hitler sabia dessas negociações secretas. Também conhecia as limitações de seu poder ao se tornar chanceler. Ele não podia romper de forma súbita e radical com os chefes do Exército alemão ou com os funcionários antigos (e conservadores) do Ministério das Relações Exteriores. Dois anos depois, no entanto, de sua posse como chanceler, ele acreditava que tinha força suficiente para realizar mudanças. Também achava que sua imagem e postura públicas como paladino do anticomunismo exigiam isso dele. Em 1934, Hitler propôs e assinou um pacto de não-agressão com a Polônia.[4] Pôs fim às negociações secretas de cooperação entre os Estados-maiores alemão e russo e ordenou o retorno dos poucos generais alemães que ainda estavam na Rússia. O embaixador alemão em Moscou, Rudolf Nadolny, que era contrário a essa nova orientação da política externa alemã, pediu demissão. Seu sucessor foi um outro diplomata conservador, de uma família alemã tradicional e muito antiga, o conde Friedrich Werner von der Schulenburg. No curso de nossa história, encontraremos várias vezes esse impressionante personagem.

Mas nosso tema principal não é a história das relações diplomáticas entre a Alemanha e a Rússia – ou apenas o é na medida em que elas inevitavelmente constituem um elemento na história mais ampla das relações entre Hitler e Stálin. E nesse ponto da seqüência ou do desenrolar da trama há uma outra restrição, esta temporária: neste capítulo, que trata de Hitler e Berlim, sou obrigado, de modo geral, a deixar para o próximo a discussão sobre as inúmeras iniciativas e reações de Stálin e Moscou. Por enquanto, acredito que seja suficiente afirmar que, a partir de 1933, as relações diplomáticas e comerciais entre o Terceiro Reich e a União Soviética continuaram existindo, embora amplamente reduzidas. Foram, de maneira geral, mantidas de forma rotineira, ainda que naquele momento Hitler estivesse se afirmando como o principal símbolo do anticomunismo, e a imprensa e a propaganda alemãs vociferassem inúmeras expressões de ódio e desprezo pelo comunismo e pela União Soviética. E, é claro, as expressões do próprio Hitler eram mais do que explosões de fanatismo ideológico. Seu objetivo principal era que a Alemanha dominasse a maior parte da Europa oriental, sem excluir a possibilidade de uma futura guerra com a Rússia, se necessário, à qual as potências ocidentais, Grã-Bretanha inclusive, não se oporiam, pelo menos ativamente. Algumas vezes ele achou que estava perto desse objetivo. Mas em algum momento, no início de 1939, percebeu que isso não iria acontecer, ou pelo menos não da maneira como esperava. Daí sua decisão, que amadureceu gradualmente, de chegar a algum tipo de acordo com Stálin.

Mas antes de chegarmos a essa surpreendente virada nessas relações, é preciso chamar a atenção para duas evidências essenciais que sugerem que, apesar de todo o seu anticomunismo público (ou privado), mesmo antes de 1939, as opiniões de Hitler sobre Stálin e a Rússia eram mais complexas do que pareciam e ainda parecem hoje. Uma delas envolve a sua decisão de se preparar para a guerra, se fosse necessária. O documento central a respeito disso é o texto de uma conferência com os principais generais de Hitler, realizada em 5 de novembro de 1937, a chamada Conferência Hossbach, cujo nome vem do coronel responsável pelo registro do encontro, que anotou as observações confidenciais. Esse documento foi selecionado como prova central nos julgamentos de Nuremberg, no pós-guerra, como uma demonstração de que Hitler e seus generais estavam se preparando para uma guerra agressiva. Sua autenticidade foi questionada décadas depois, mas sua essência permanece, de modo geral, inalterada. E nosso interesse agora deve se voltar para o que Hitler disse, ou melhor, não disse, sobre a Rússia – o tipo de evidência sherlock-holmesiana, como a de um cachorro que não latiu. Hitler falou da necessidade de se preparar para a guerra, se fosse preciso, com a Tcheco-Eslováquia, a despeito do que a Polônia, a França ou a Grã-Bretanha fizessem ou deixassem de fazer. Mas o que importa nas anotações de Hossbach é a ausência de qualquer menção à Rússia – uma Rússia que tinha, naquele momento, um tratado de aliança (atendendo aos anseios franceses) tanto com a França quanto com a Tcheco-Eslováquia. Não é possível saber por que Hitler não mencionou a Rússia. O que podemos afirmar é que, em novembro de 1937, ele evidentemente não considerava a União Soviética um perigo iminente.

Outros elementos importantes são o pensamento e as expressões de Hitler antes e durante a crise de Munique em 1938. Ele não estava blefando – estava pronto para invadir a Tcheco-Eslováquia em outubro daquele ano. Mas a Tcheco-Eslováquia tinha uma aliança militar com a França e com a União Soviética. Em relação à França, Hitler resolveu arriscar: ele sabia que os franceses dependiam dos britânicos; e que os britânicos não estavam dispostos a entrar em outra guerra européia ou mundial menos de 20 anos depois das horríveis carnificinas da Primeira; e que os franceses, sem os britânicos, não lutariam. Ele estava certo. E os tchecos (e os franceses) tinham uma aliança com a União Soviética. No entanto, por todo o verão de 1938 e durante as semanas do auge da crise, há, significativamente, pouca ou nenhuma indicação de que Hitler considerasse com seriedade a possibilidade de Stálin entrar em guerra contra a Alemanha. Sua interpretação também deve ter se fortalecido com os relatórios militares e diplomáticos da embaixada alemã em Moscou, em agosto e setembro, mostrando haver pouca evidência de que Stálin estivesse se preparando para uma guerra contra Berlim. Ele também percebeu que, quaisquer que fossem as demonstrações de que os russos estivessem se preparando militarmente ao longo das fronteiras ocidentais da União Soviética, pareciam ser na direção da Polônia e não da Tcheco-Eslováquia.

Na Conferência de Munique, a Rússia foi ignorada, não apenas por Hitler e Mussolini, mas também por Chamberlain e Daladier, representantes da Grã-Bretanha e da França. Mas poucos meses depois isso mudaria, e Hitler estava disposto a considerar uma acomodação proveitosa com Stálin.

•••

As tentativas, sinalizações, sugestões, aproximações e negociações que conduziram ao tratado Hitler-Stálin em 1939 constituem um dos capítulos mais fascinantes e instrutivos de toda a história da diplomacia. Menciono o tratado Hitler-Stálin (ou Stálin-Hitler), e não pacto Russo-Germânico, Nazi-Soviético ou Ribbentrop-Molotov, porque os aspectos essenciais do tratado dependeram desses dois homens, Hitler e Stálin.

Não é possível determinar com precisão qual dos dois fez o primeiro aceno. Poucas pessoas notaram que, durante a costumeira recepção aos diplomatas estrangeiros no dia de Ano-Novo em 1939, Hitler conversou por algum tempo com o embaixador russo, o que foi interpretado de maneira exagerada. Não houve redução do apoio alemão ao nacionalismo ucraniano. Foi apenas um indício sugestivo. Muito mais importante era o cronograma de Hitler em relação à Polônia, que envolvia não somente Danzig ou o chamado Corredor Polonês,[5] mas a própria independência da Polônia. Ele queria que a política externa polonesa se subordinasse totalmente a seus desejos. No fim de fevereiro de 1939, Hitler percebeu que isso não ocorreria. Conseqüentemente, começou a considerar o fator Rússia, o grande e perigoso inimigo da Polônia, à sua retaguarda. (Seu subserviente ministro das Relações Exteriores, Joachim von Ribbentrop, não gostava dos britânicos e reclamou sobre a necessidade de se levar em conta a Rússia após uma visita apática a Varsóvia.)

Um mês mais tarde, depois de sua marcha até Praga, Hitler se deparou com o desejo, subitamente evidente, dos franceses e britânicos – de seus governos, mas principalmente de sua opinião pública – de estabelecer uma aliança com a União Soviética, ameaçada, tal como eles, pela Alemanha. Uma grande aliança que cercasse o Terceiro Reich e portanto forçasse Hitler a deixar de lado a terrível perspectiva de uma segunda guerra mundial. Hitler, no entanto, não apenas esperava, mas estava convencido de que essa aliança entre britânicos, russos e franceses não se concretizaria – e havia razões para que pensasse assim. Em abril, os primeiros pronunciamentos do embaixador soviético na Alemanha indicavam que, na visão de Moscou, uma melhora nas relações entre os dois países era desejável. Expressões e sinalizações russas como essas começaram a se acumular nas semanas seguintes. A 3 de maio, Stálin demitiu Maxim Litvinov, seu comissário judeu de Relações Exteriores e defensor de uma aliança com a França e a Grã-Bretanha. Em seu lugar foi nomeado Vyacheslav Molotov, um dos mais íntimos confidentes de Stálin na época.

Hitler sabia o que isso significava. Mas também foi cauteloso. Havia agora uma disputa triangular pela supremacia de chantagens sutis (ou nem tanto) envolvendo Berlim, Londres e Moscou. Britânicos e franceses tentavam atrair a Rússia para o seu sistema de alianças. Mas também esperavam que isso tornasse Hitler mais razoável. Assim como os poloneses, eles não acreditavam, ou não podiam acreditar, que Hitler e Stálin pudessem fazer um acordo.

Pelo contrário: Hitler permitiu que algumas pessoas insinuassem aos franceses que os contatos entre Berlim e Moscou existiam e estavam aumentando. No início de agosto – cada vez mais certo de que não ocorreria uma aliança entre os países ocidentais e a Rússia –, Hitler deixou de lado a cautela. Sentia-se pressionado pelo tempo à medida que seus planos militares para uma guerra com a Polônia se aproximavam. Queria um acordo com Stálin o mais rápido possível. Em 20 de agosto, escreveu e enviou uma mensagem pessoal diretamente ao líder soviético.

Dois dias depois, seu ministro das Relações Exteriores se encontrava num avião a caminho de Moscou. Ribbentrop estava ansioso quanto à recepção que teria na capital do mundo comunista. Não precisava ter se preocupado. Foi uma recepção esplêndida. Stálin foi afável, cordial, alegre; brindaram um ao outro; depois, Stálin fez um brinde a Hitler e eles assinaram um pacto de não-agressão. Mais importante: assinaram um protocolo secreto, dividindo entre os dois países a Polônia e o nordeste da Europa. Hitler instruíra Ribbentrop a expressar (embora não necessariamente por escrito) sua disposição de ampliar o acordo até o Sudeste da Europa, se necessário, excluindo-se os interesses alemães naquela região.

A notícia do pacto – é quase desnecessário dizer – caiu como uma bomba, talvez a maior bomba da história moderna das relações entre Estados. Foi um grande choque para milhões de comunistas no estrangeiro, os quais acreditavam que a União Soviética fosse o maior adversário de Hitler. Foram relativamente poucos os comunistas, no entanto, decerto muito poucos na Rússia, que abandonaram sua lealdade ao Partido e à quimera do comunismo internacional em 1939. Talvez tenha sido mais importante a reação dos milhões de anticomunistas e conservadores, tanto dentro quanto fora da Alemanha, que admiravam Hitler como o paladino do anticomunismo. Não houve praticamente deserções no Partido Nacional-Socialista. Com efeito, a notícia do pacto primeiro surpreendeu e depois alegrou milhões de alemães que viram nesse fato mais uma prova da genialidade de Hitler como estadista. O poder, assim como suas evidências, valia mais que a ideologia. Os nazistas, de maneira geral, entenderam isso melhor do que a maioria dos comunistas – enquanto Hitler entendeu isso tão bem quanto Stálin.

Em 1917, foi o Estado-maior alemão que, ao menos indiretamente, promoveu a revolução bolchevique ao providenciar o retorno de Lênin, que estava exilado em Zurique, à Rússia. Em 1939, foi Hitler quem promoveu o reaparecimento do poder imperial soviético na Europa oriental. (Isso vai para os que afirmam que a Alemanha era o principal baluarte da Europa contra a Rússia e o bolchevismo; ou que foram Churchill e Roosevelt que ofereceram de bandeja a Europa oriental a Stálin.) "Estou apostando tudo nessa carta", disse Hitler a Albert Speer no dia 22 de agosto. Bem, nem tudo: ele esperava que seu triunfo, o acordo com Stálin, impedisse que os ingleses entrassem em guerra contra ele. Também tentou colocar uma cunha entre britânicos e poloneses. Quanto a isso não teve sucesso. Embora com relutância, britânicos e franceses declararam guerra à Alemanha em 3 de setembro de 1939. Hitler esperava e imaginava que eles abandonariam a Polônia na última hora e rejeitariam a guerra, mas nisso estava errado. Também imaginava que eles não entrariam em guerra contra a Alemanha com sua força total. Nisso estava certo. De qualquer maneira, ele agora tinha outro sócio, Stálin.

•••

Hitler decidiu fazer esse acordo com Stálin por causa da guerra que se aproximava. Mas será que foi um recurso temporário? Será que não passou de um adiamento necessário de sua futura invasão da União Soviética? Foi essa a impressão que ele quis transmitir a certas esferas do Ocidente mesmo antes do pacto.[6] Seu aliado Mussolini e seus amigos nos governos espanhol e japonês ficaram temporariamente desapontados, mas isso não perdurou. Logo depois do pacto ele já começaria a obter vantagens. Dezessete dias após a invasão da Polônia por Hitler, os exércitos de Stálin entraram na região Leste daquele país, avançando até a linha divisória russo-germânica acordada por ambos. Quando as tropas alemãs e russas se encontraram, não houve incidentes, apenas cordialidade. Passados outros dez dias, Ribbentrop retornou a Moscou para realizar alguns ajustes no protocolo secreto, trocando alguns territórios. Enquanto isso, começaram as negociações para uma enorme ampliação do comércio russo-germânico, envolvendo o envio de grandes quantidades de matérias-primas para o Terceiro Reich (o que a União Soviética cumpriu até o fim). Os partidos comunistas por toda a Europa tinham sido desbaratados ou desativados. Hitler percebeu que seus principais e mais íntegros oponentes estavam na direita, não na esquerda: eram monarquistas, alguns católicos e conservadores da Alemanha e da Áustria; fora da Alemanha, eles viriam a ser Winston Churchill e Charles de Gaulle no ano crucial de 1940.

Há outro possível indício de que, ao menos por algum tempo, Hitler não encarou seu pacto com Stálin como absolutamente temporário. O pacto deixou centenas de milhares de membros de minorias germânicas dentro da esfera de influência soviética nos Bálticos e mais tarde na Bessarábia. Hitler ordenou sua imediata repatriação para o Reich alemão, a ser realizada plenamente e com rapidez. Isso significou, entre outras coisas, a extinção da presença alemã na Estônia e na Lituânia após quase 800 anos.[7]

Além da metade oriental da Polônia do pré-guerra, a Lituânia, a Letônia, a Estônia e até a Finlândia foram colocadas do lado russo da linha divisória secreta. Hitler aceitou sem reclamar a rápida e ameaçadora instalação de bases russas nas repúblicas bálticas. Mas a Finlândia era diferente. O governo finlandês sabia que ceder às demandas dos russos (que eram principalmente territoriais e militares) poderia significar o fim da independência de seu país. O problema é que o protocolo secreto, embora geograficamente preciso, não definia com exatidão a expressão "esfera de influência".[8] Os finlandeses tinham muitos e estreitos laços com a Alemanha. Hitler não gostou quando Stálin provocou uma guerra contra a Finlândia e a atacou impiedosamente no final de novembro de 1939, mas não deu nenhuma demonstração pública ou privada de seu descontentamento. Na verdade, a diplomacia e a imprensa alemãs foram orientadas a não demonstrar compaixão pela Finlândia durante a guerra de inverno que terminou com a vitória – embora não total – da Rússia, apesar do desempenho surpreendentemente medíocre de suas forças armadas.

A guerra russo-finlandesa ainda não havia terminado quando Hitler realizou mais uma ação estratégica. Ele estava ciente de que os franceses e britânicos, sob o pretexto de ajudar a Finlândia, estavam se preparando para enviar tropas ao Norte da Noruega a fim de, entre outras razões, impedir o envio de minério de ferro da Suécia para a Alemanha, e talvez até de entrar em conflito armado com a Rússia, o que era um plano temerário que não amadureceu. Mas, para se antecipar a um futuro plano britânico de obter o controle marítimo e terrestre da Noruega, em 1º de março Hitler ordenou que a Marinha e o Exército da Alemanha se preparassem para ocupar a Noruega e a Dinamarca. Isso de fato deteve os britânicos e os forçou a deixar a Noruega, numa rápida operação de retirada. A 10 de maio, o exército de Hitler prosseguiu em sua investida, invadindo Holanda, Bélgica, Luxemburgo e França. Por coincidência, naquele mesmo dia, Churchill se tornou primeiro-ministro da Grã-Bretanha. Durante semanas, ele enfrentaria um desastre após outro, com exceção da desocupação em massa de soldados britânicos e franceses de Dunquerque, o que também não foi uma vitória. Em meados de junho, a França desmoronou e Mussolini entrou na guerra ao lado de Hitler, que agora governava toda a Europa, ou pelo menos quase toda.

Hitler tinha todos os motivos para estar satisfeito com Stálin, em nome de quem Molotov o cumprimentou servilmente por seus esplendorosos triunfos. No entanto, no dia da queda de Paris, Stálin e Molotov agiram com rapidez e de forma brutal, ocupando as três pequenas repúblicas bálticas a fim de incorporá-las à União Soviética. Isso ia além da instalação de bases russas nesses países. Era essa a interpretação de Stálin sobre o que seria sua "esfera de influência". Onze dias depois, outro brutal ultimato à Romênia levou à ocupação, pelos russos, da Bessarábia e de outra pequena fatia daquele país (o Norte da província da Bukovina). Tudo isso começou a irritar Hitler. Não era exatamente assim que ele interpretava a "esfera de influência" de Stálin. Gradualmente, ele começou a encarar Stálin mais como um adversário potencial e menos como um aliado. Em 31 de julho, em seu quartel-general abrigado nas montanhas, ele diria a um pequeno grupo de generais: preparem os planos para uma guerra contra a Rússia, sim, a Rússia.

E por quê? Porque desde o início ele queria conquistar a Rússia européia? Porque temia que um dia Stálin pudesse atacá-lo? Por que ele pensou numa guerra em duas frentes, numa guerra no Leste antes de dominar o Oeste da Grã-Bretanha? Muitas pessoas acreditam que esse foi o maior e mais grave erro de Hitler, fruto de sua inclinação ideológica, um erro de cálculo fatal provocado por sua arrogância, a razão principal e decisiva de sua derrota final. Há alguma verdade em todas essas imputações ao seu pensamento, mas isso não é suficiente. Todo evento histórico – na verdade, toda decisão ou ação humana – tem múltiplas causas, mas há uma certa hierarquia entre elas, sendo uma razão mais importante, ou mais decisiva, do que outra. E podemos – de fato, devemos – verificar qual era a principal preocupação de Hitler no auge do verão* de 1940, naquele 31 de julho. Não era a Rússia, mas a Inglaterra. Havia método, não loucura, em seu raciocínio. Ele não tinha certeza da possibilidade de derrotar os britânicos pelo ar. "Se os resultados da guerra aérea não forem satisfatórios, as preparações [para a invasão] serão suspensas." Chegou então ao cerne da questão. "A esperança da Inglaterra está na Rússia e nos Estados Unidos. Se eliminarmos a esperança na Rússia, os Estados Unidos também estarão eliminados.[9] ... A Rússia [é] o fator no qual a Inglaterra está apostando. Se, no entanto, a Rússia for esmagada, então a última esperança da Inglaterra estará extinta. ... Decisão: no curso desse contexto, a Rússia dever ser liquidada. Primavera de 1941. Quanto mais cedo esmagarmos a Rússia, melhor. A operação só faz sentido se esmagarmos pesadamente o Estado com um só golpe. Ganhar apenas uma certa quantidade de território não é suficiente. Uma paralisação durante o inverno é perigosa. Portanto, melhor esperar, mas a decisão de liquidar a Rússia está tomada."

Melhor esperar. Essa era uma ordem para elaborar planos, não era ainda uma diretriz definida. Isso levaria mais alguns meses. Nesse período, Hitler hesitou – ou melhor, avaliou sua estratégia, suas chances. Mas por trás de seus cálculos – ou melhor, ao articulá-los – estava a linha principal (aquela que com tanta freqüência governa as decisões de todos os tipos de pessoas): o desejo de se convencer de que sua futura decisão era

---

* No Hemisfério Norte. (N.E.)

correta, inquestionável, a decisão certa. Seu olhar agora se detinha em qualquer tipo de evidência, por menor que fosse, de que a Rússia não merecia sua confiança. E sim essas evidências existiam. Mas elas significavam menos do que a situação como um todo indicava, que Stálin ainda queria confiar nele, mais que isso, ser seu aliado. Não havia o menor sinal de que Stálin estivesse procurando, ou mesmo desejando, melhorar suas relações com Londres (ou com Washington). Grandes e valiosos comboios de carga roncavam pelas planícies polonesas, trazendo da Rússia para a Alemanha produtos que iriam alimentar a indústria bélica alemã. E havia o embaixador alemão em Moscou, o íntegro e contido Schulenburg, cujas lúcidas mensagens a Berlim indicavam a convicção de que Stálin não queria indispor-se com a Alemanha.

Mas houve problemas. Surgiram os primeiros sinais de mudança na política alemã em relação à Finlândia, novamente pressionada por Moscou. Berlim (mais exatamente, o marechal-de-campo Hermann Göring) agora oferecia algum apoio aos finlandeses. Pela primeira vez desde que o pacto Hitler-Stálin foi selado, uma pequena missão militar alemã chegou à Finlândia. Enquanto isso, Moscou sugeriu a Roma que um acordo entre Rússia e Itália poderia levar a outro tratado do tipo "esferas de influência recíprocas" nos Bálcãs. Stálin não estava satisfeito com a ampliação da presença alemã nos Bálcãs, principalmente na Romênia. Houve, em relação a isso, um protesto russo cuidadosamente redigido. E, para contrabalançar a presença alemã na Romênia, a Rússia deveria ter, no mínimo, privilégios na Bulgária. Hitler não queria isso. Ao mesmo tempo, ele recorreu a um número maior de cartadas para fazer seu jogo. Em 16 de setembro, suspendeu a ordem de preparar a invasão da Inglaterra. Um ou dois dias depois, propôs ao Japão a aliança de três grandes potências, com a Alemanha e a Itália. Os japoneses aceitaram pronta e sofregamente a oportunidade. Esse Tratado Tripartite incluía uma cláusula curiosa, com poucos precedentes, ou talvez nenhum, na linguagem diplomática. Estabelecia que a aliança entre essas três grandes potências *não* tinha como alvo a União Soviética. Era, evidentemente, direcionada contra os Estados Unidos, onde Roosevelt se tornava cada vez mais próximo de Churchill.

Enquanto o bombardeio de Londres prosseguia e Hitler refletia sobre qual deveria ser a próxima direção principal de sua estratégia (talvez o Mediterrâneo, contra Gibraltar?), ele concordou, por insistência de Ribbentrop, em realizar um esforço – talvez o último – para firmar, na verdade ampliar, a essência e o escopo das relações entre a Rússia e a Alemanha. Seria uma retribuição de rotina da histórica missão de Ribbentrop a Moscou. Agora Molotov iria a Berlim.[10]

Molotov chegou a Berlim em 12 de novembro. O que aconteceu então foi um diálogo de surdos. O mais surdo de todos foi Molotov – principalmente por causa de sua personalidade, que era a de um parvo inexpressivo e sem imaginação. Hitler não teve boa impressão dele, para dizer o mínimo. Hitler – e especialmente Ribbentrop – sugeriu e insinuou amplas perspectivas, possivelmente até incluindo a União Soviética numa grande aliança eurasiana, junto à Itália e ao Japão. Molotov insistia na questão da Bulgária e da Finlândia, como se fora um pica-pau míope. Ribbentrop tentou suavizar as coisas, mas praticamente em vão.[11] Digo "praticamente" porque Hitler ficou ao mesmo tempo enraivecido e aliviado com as maneiras de Molotov. Enraivecido com a obstinada mesquinhez dos russos. Ao mesmo tempo, ficou aliviado pelo fato de sua tendência a não desejar novos acordos com os russos se revelar correta.[12] Depois que Molotov voltou para Moscou, Stálin pressentiu problemas. Disse a Molotov que rascunhasse uma mensagem a Berlim sugerindo que a União Soviética poderia unir-se a Alemanha,

Itália e Japão numa grande aliança, o que levaria a uma potencial divisão do planeta, na qual a Rússia ficaria principalmente com o Oriente Médio. O coração de Ribbentrop pode ter batido acelerado, mas Hitler nem se deu ao trabalho de responder. Em 18 de dezembro, ele emitiu a diretriz de invadir a Rússia, a Operação Barba Ruiva.[13]

•••

Mais de seis meses se passariam entre essa ordem e o 22 de junho de 1941. Muitas coisas aconteceriam nesse período. Mas a intenção de Hitler não mudou. É interessante que ele não tenha mantido muito segredo sobre sua desconfiança em relação à Rússia. Mesmo antes da diretriz Barba Ruiva, Hitler fez ocasionais declarações ardilosas a estadistas estrangeiros, sugerindo que poderia ser forçado a ajustar contas com aquele país. Ele o fez não apenas para influenciar potenciais aliados a se unirem numa futura guerra contra a União Soviética. Há razões pelo menos para suspeitar de que quisesse que Londres tomasse algum conhecimento a respeito disso. E por quê? Ele não tinha dito e imaginado que a Rússia era a última esperança da Inglaterra? Sim, mas ainda pensava que havia muitas pessoas em Londres capazes de compreender que seu principal objetivo era destruir a Rússia, e não o Império britânico. O que não é conjectura é sua indiferença quanto a manter bastante secretas as preparações alemãs para uma guerra contra a Rússia. Após março de 1941, isso seria, em todo caso, impossível: seria difícil ocultar a crescente aglomeração de tropas dirigindo-se à linha divisória russo-germânica.

Enquanto isso, Stálin enviara a Berlim um novo embaixador (que, entre outras coisas, levava consigo uma foto autografada em que Stálin aparecia ao lado dele). Esse e outros gestos dos russos não impressionaram Hitler. Mas havia agora um novo atrito entre Rússia e Alemanha, dessa vez a respeito dos Bálcãs. A Primeira Guerra Mundial tinha fragmentado essa região; a Segunda Guerra, não. Em 1914, o local era o barril de pólvora da Europa, mas em 1939, não. O pacto Hitler-Stálin dividiu entre eles o Nordeste e o Centro-Leste da Europa, mas não o Sudeste. Assim, para a tristeza de Hitler, Mussolini complicou as coisas em outubro, atacando a Grécia. Os gregos se mostraram valentes, repelindo os italianos, e Hitler sabia que os britânicos tirariam proveito disso. Ele já tinha anexado ao seu pacto das três potências a Hungria e a Romênia, país onde havia agora grande número de soldados alemães. Ele agora avançaria na direção da Bulgária, forçando-a, e posteriormente também a Iugoslávia, a aderir ao pacto e ao sistema de alianças germânico. Por mais de um motivo, os russos insistiam que pelo menos a Bulgária deveria pertencer à esfera de Moscou. Hitler, já irritado com a cantilena de Molotov sobre a Bulgária no encontro em Berlim, não deu atenção a isso. Os poucos protestos diplomáticos dos russos com respeito a esse tema foram rejeitados como se não tivessem importância. Em 1º de março, o Exército alemão começou a marchar para a Bulgária. Havia agora uma séria causa de conflito entre Berlim e Moscou. Mas não foi assim que as coisas se desenvolveram. Stálin não queria o conflito. Na verdade, um memorando do Ministério das Relações Exteriores da Alemanha determinou que, em março, os suprimentos enviados pelos soviéticos à Alemanha "continuavam crescendo a passos largos".[14]

Esse memorando tem data de 5 de abril. Naquele dia, surgiu outro conflito entre Alemanha e Rússia, agora a respeito da Iugoslávia. Hitler queria que esse país aderisse ao seu Pacto Tripartite. O governo iugoslavo aceitou com relutância. Mas então ocorreu um levante nacional sérvio contra o governo, um golpe de Estado instigado, apoiado e financiado pelos britânicos. O novo regime iugoslavo esperava permanecer "neutro", mas Hitler reagiu prontamente, ordenando a invasão e a destruição da Iugoslávia. Mais uma vez, ele não fez nenhum segredo sobre isso. Teve grande perspicácia: disse que, enquanto a Grã-Bretanha apoiava o golpe em Belgrado, o povo dos Bálcãs imaginava que os russos estavam por trás dele. Na realidade, os russos nada tiveram a ver com o golpe. Mas então imaginaram que poderiam fazer pelo menos um pequeno gesto. Afinal de contas, tinham dividido o Nordeste da Europa com os alemães, mas no Sudeste europeu haviam ficado sem nada: Romênia, Bulgária, Albânia e agora Iugoslávia, todas na esfera alemã, e a Grécia se aproximando. À 1h da manhã do dia 6 de abril, Stálin assinou em Moscou um tratado de não-agressão com a Iugoslávia. Estimulado, o ministro iugoslavo em Moscou voltou para sua residência ao amanhecer,[15] no exato momento em que esquadrões da Luftwaffe decolavam de campos de pouso alemães para transformar Belgrado em ruínas.

Esse tratado soviético-iugoslavo não foi muito mais que um gesto: Rússia e Iugoslávia eram separadas por centenas de quilômetros – como poderiam vir a se "agredir"? A maioria dos gestos tem um certo significado, mas se não tiverem conseqüências se tornarão inexpressivos. Foi o que aconteceu, pois os exércitos de Hitler varreram a Iugoslávia em pouco mais de uma semana. Stálin reconheceu de imediato a nova situação e seus potenciais perigos: ou seja, o que Hitler estaria pensando? Uma semana depois de seu tratado-gesto com os iugoslavos, agora inexpressivo, Stálin fez outro gesto, muito mais significativo (ao qual retornaremos), agora para impressionar Hitler e os alemães, assegurando-lhes sua sólida amizade.

Isso também não significou nada para Hitler. Ele estava determinado a invadir e esmagar o império soviético. Já tinha passado instruções de vários tipos, advertindo os altos funcionários e o Exército de que a guerra com a Rússia, que estava por vir, seria diferente das outras guerras, não estaria sujeita sequer às poucas restrições internacionais sobre conflitos entre Estados.[16]

Mas Hitler tinha outra questão em mente no que se refere a seus planos contra a Rússia. Envolvia os Estados Unidos mediante o Japão. "A última esperança da Inglaterra está na Rússia e nos Estados Unidos": ele vivia repetindo esse argumento, acrescentando que a Rússia era o principal fator, já que contra os Estados Unidos ele nada podia fazer – exceto isso: "Se a Rússia fosse eliminada", o Japão se tornaria uma potência maior ainda, causando grande preocupação aos Estados Unidos. Ora, em setembro de 1940, os japoneses aderiram ao pacto de aliança global de Hitler. Mas isso não impediu que Roosevelt se aliasse aos britânicos de modo cada vez mais próximo. Agora os japoneses estavam diante de um dilema. Já tinham ocupado grande parte da China e, após o colapso da França, haviam se estabelecido na Indochina francesa. Deveriam ter planos para lucrar mais com uma guerra na Europa, como de fato ocorrera em 1914-18? A opinião dos seus altos círculos estava dividida. Enviaram seu ministro das Relações Exteriores, Yösuke Matsuoka, para visitar Berlim, via Moscou, de trem.

Matsuoka, que estudara nos Estados Unidos, era um homem desprezível. Em Berlim, sorria de forma maliciosa para Ribbentrop, contando piadas sem graça sobre os ingleses (seus esforços de humor nipônico mostraram-se até piores do que a germânica falta de senso de humor de Ribbentrop). Este lhe disse "confidencialmente" que "as atuais relações com a Rússia eram corretas, sem dúvida, mas não muito amistosas". Depois Hitler pediu que Ribbentrop e Matsuoka fossem até ele, juntos, e fez um longo monólogo sobre a situação mundial. A Inglaterra já tinha perdido a guerra. Os Estados Unidos eram a única esperança dos ingleses, mas nesse ponto o Japão poderia ajudar. Se, por exemplo, os japoneses tomassem Cingapura, Roosevelt não poderia fazer muita coisa. "A segunda esperança da Inglaterra era a Rússia." (Uma interessante mudança em relação ao que ele dissera um ano antes: que a Rússia era a primeira, não a segunda, esperança de Churchill.) A resposta de Matsuoka foi mais do que vacilante, foi evasiva: suas palavras pareciam as de alguém que estava traindo seu próprio governo. Evidentemente, ele concordava em tudo com o Führer. O único problema é que a alta corte e alguns políticos japoneses estavam hesitantes em agir, "em parte devido a uma atitude pró-britânica e pró-americana". Ele disse a Hitler que, a caminho de Berlim, fizera uma escala em Moscou, e agora precisava contar algo ao Führer em caráter confidencial. Pretendera fazer apenas uma parada rápida, mas Stálin quis vê-lo. Ele dissera a Stálin que os japoneses não eram capitalistas, mas "mentalmente comunistas", e que "os anglo-saxões eram os inimigos comuns do Japão, da Alemanha e da Rússia Soviética". Stálin concordou e disse que queria estar com Matsuoka quando ele voltasse de Berlim; disse também que "a Rússia Soviética nunca se dera bem com a Grã-Bretanha e nunca se daria". Matsuoka teve duas outras conversas com Ribbentrop e uma com Hitler (nesse meio tempo, ele fora a Roma para ver Mussolini e o papa). Ribbentrop declarou que era ao menos "possível que a Rússia adotasse o caminho errado, embora de fato não esperasse isso de Stálin. Mas não se podia ter certeza." Matsuoka "então perguntou se o Führer considerava a possibilidade de uma aliança entre Rússia, Japão e Alemanha". Ribbentrop respondeu que não: "Se a Alemanha se sentir ameaçada, imediatamente atacará o bolchevismo e acabará com ele." Quando Matsuoka se encontrou com Hitler pela última vez, este pouco lhe falou sobre a Rússia: "O inimigo número um são os Estados Unidos." Matsuoka disse que o problema era a existência de pessoas nas altas esferas de poder japonesas que não tinham a mesma opinião que ele.[17]

Isso basta para descrever o caráter desse ministro das Relações Exteriores e suposto diplomata, representando seu país e seus governantes no exterior. Em sua viagem de volta a Tóquio, Matsuoka parou mais uma vez em Moscou, permanecendo mais que o esperado. Stálin o chamou ao Kremlin e propôs um tratado de não-agressão com o Japão, imediatamente aceito por Matsuoka. Seguiu-se um incomum banquete ao meio-dia, em que todos beberam muito.

As conseqüências desse pacto russo-japonês foram grandes, tanto a curto quanto a longo prazo. A conseqüência imediata foi uma cena extraordinária na estação ferroviária de Moscou (que examinaremos no próximo capítulo). Já a de longo prazo foi que o Japão não entrou em guerra contra a Rússia em 1941 – algo com que Hitler não se preocupou, até muito tempo depois. Perto do fim da vida, Hitler refletiu sobre o motivo de ter entrado em guerra contra a Rússia e lamentou ter sido obrigado a ir à guerra contra os Estados Unidos. Mas então já era tarde, muito tarde.

•••

A inesperada guerra dos alemães na Iugoslávia e na Grécia retardou em cerca de cinco semanas a Operação Barba Ruiva. Reunir um enorme exército alemão para exercer pressão ao longo da fronteira com a União Soviética exigia tempo. Além disso, algo assim não poderia manter-se secreto. Já vimos que Hitler também não tinha a intenção de fazer muito segredo sobre isso. Mas agora, subitamente, ele vislumbrava uma alternativa que ainda não havia considerado. Seu exército não havia devastado apenas o Exército iugoslavo; outras divisões alemãs, enviadas da Bulgária, derrotaram a Grécia em mais duas semanas e forçaram os britânicos que estavam lá a realizar outra evacuação ignominiosa. Depois disso, Hitler concordou com um plano audacioso: a conquista de Creta por tropas de pára-quedistas. A batalha foi dura, mas os alemães venceram. Antes mesmo do fim de maio, o caminho para uma invasão germânica do Oriente Médio parecia aberto. Houve uma revolta contra os britânicos no Iraque; o governo de Vichy, na França, não tinha intenção de negar aos alemães o direito de desembarcar na Síria e no Líbano, ainda sob o domínio colonial francês. Enquanto isso, o general Erwin Rommel tinha empurrado os britânicos para a fronteira oeste do Egito. Se Hitler o quisesse, tropas alemãs talvez pudessem chegar às portas da Índia, seguindo os passos de Alexandre o Grande. Hitler não quis fazer isso (diferentemente de Napoleão, que não conseguiu o feito em 1799 por causa dos britânicos).

Sua prioridade era a Rússia. Mussolini e os japoneses não estavam totalmente satisfeitos com isso, mas dificilmente poderiam se opor. O mesmo valia para alguns dos altos funcionários do Terceiro Reich. Eles pouco disseram e nada fizeram. Houve uma exceção: Rudolph Hess, nada menos que o homem designado por Hitler para ser o Führer substituto (e também o chefe titular do Partido Nacional Socialista), seu seguidor e amigo íntimo por duas décadas. Hess acreditava mais nas palavras de Hitler em *Mein Kampf* do que o próprio Hitler. Para a Alemanha, a guerra contra a Grã-Bretanha era uma tragédia; o destino da Alemanha estava no Leste do continente. Hess pouco se encontrara com Hitler desde o começo da guerra. Ele também tinha um grupo de conselheiros e amigos (incluindo um especialista em geopolítica e um astrólogo). Agora segurava um tênue fio do destino em suas próprias mãos. Fugiu de avião para a Grã-Bretanha. Foi um vôo singular, audacioso, sensacional, preciso, não como suas expectativas.

Hess pulou de um céu escuro na noite de 11 de maio, perto da casa do duque de Hamilton. Tivera um encontro agradável com o duque alguns anos antes, durante os Jogos Olímpicos de Berlim. Achava que o duque era muito próximo ao rei Jorge VI e assim poderia influenciar o que imaginava ser um partido pacifista britânico. A condição *sine qua non* era que Churchill teria de sair. A seus interlocutores, Hess afirmou que Hitler detestava fazer guerra com o povo britânico. Não disse nada sobre a guerra contra a Rússia que estava por vir.

Foi um acontecimento fantástico, mas não teve quase nenhum efeito sobre o desenrolar dos fatos. Hess interpretou corretamente os desejos de Hitler, mas sua aventura foi insensata. Ele não fez o seu vôo com o consentimento de Hitler. Este, de forma coerente, ficou furioso. Stálin, não menos coerente, imaginou que o caso Hess poderia significar um conluio entre Alemanha e Grã-Bretanha às suas expensas. Churchill ficou satisfeito, embora nem tanto quanto Hitler imaginava. Hitler e Josef Goebbels ficaram surpresos pelo fato de os britânicos não terem feito mais propaganda com o episódio Hess.[18] Depois houve um acréscimo importante ao moral dos britânicos. Os maciços ataques aéreos alemães na Grã-Bretanha estavam diminuindo. A maior parte da força aérea alemã fora enviada para o Leste, posicionando-se para a futura guerra contra a Rússia. Churchill agora estava certo de que Hitler decidira marchar para o Leste. Stálin não tinha tanta certeza. Centenas de informações sobre a concentração de divisões alemãs na Polônia eram transmitidas para Moscou a partir de dezenas de fontes. Mas Stálin não estava inclinado a crer nelas; acreditava que os britânicos estavam tentando causar problemas entre Hitler e ele. Assim, a partir do início de maio, ele deu vários passos e fez vários gestos para impressionar Hitler com a inalterável decisão russa de manter a amizade com a Alemanha. Não foram questões secundárias, mas não tiveram o menor efeito sobre Hitler. Mais de uma semana antes de 22 de junho, ele começou a aconselhar seus potenciais aliados (Romênia e Finlândia, e até o Estado-maior húngaro) a se prepararem para uma guerra contra a Rússia. No início da tarde de 21 de junho, ele ditou uma longa carta a Mussolini. "*Duce*! Escrevo-lhe esta carta num momento em que meses de ansiosas deliberações e nervos permanentemente em frangalhos chegam ao fim na decisão mais difícil da minha vida. ... Desde que lutei para chegar a essa decisão, me sinto novamente livre espiritualmente. Essa parceria com a União Soviética, apesar da total sinceridade dos esforços para se chegar a uma conciliação final, era freqüentemente desgastante para mim, pois, de uma forma ou de outra, me parecia uma ruptura com toda a minha origem, com meus conceitos e com minhas obrigações anteriores. Agora estou feliz por me livrar dessas aflições mentais."[19]

A ordem "Dortmund", para iniciar a invasão, foi expedida às 19h, horário de Berlim, em 21 de junho, numa noite de sábado.

3 STÁLIN

"Ele não começaria a guerra ..."

Que Stálin não queria a guerra em 21 de junho de 1941 – até aí sabemos. Mas será que ele queria a guerra num outro momento, uma guerra de sua própria escolha? Será que não tinha a expectativa e a esperança de que as outras potências européias se exaurissem numa grande guerra, o que permitiria a União Soviética, intacta e poderosa, de penetrar na Europa e dominá-la?

Sim e não. Sim, essa era uma expectativa dos comunistas: depois de uma grande guerra entre as potências capitalistas, estas – não importa qual se saísse relativamente vitoriosa – mal sobreviveriam, completamente destroçadas e dilaceradas, numa época em que a Europa estaria pronta para o avanço do comunismo pelo continente. E não, a Rússia tinha de estar preparada para uma grande guerra, mas não devia procurá-la: expandir-se onde e quando possível, mas não correndo o risco de entrar em guerra com uma das grandes potências, e sim por meio de acordos arrancados destas.[1] E essas não eram expectativas de um comunista, mas de um estadista. E em 1939 Stálin se tornara um estadista, pois os acontecimentos no mundo o forçaram a isso. Mas isso também correspondeu amplamente ao desenvolvimento de suas opiniões. Ele começara a se ver como um estadista; antes e acima de tudo, um estadista; além de qualquer consideração, um estadista. Portanto, é sobre esse desenvolvimento como estadista que falaremos agora.

Atualmente, mais de 50 anos após sua morte, e mais de 15 após a queda da União Soviética e de grande parte do seu Império, há mais de 100 biografias e livros sobre Stálin – menos que as biografias e livros sobre Hitler, o que é compreensível. Esse último foi uma grande exceção, ascendendo a partir de quase nada, o único responsável pela Segunda Guerra Mundial, um gênio planetário sem precedentes na história da Alemanha. A ascensão de Stálin ao poder também foi impressionante, mas, de várias maneiras, ele se encaixava na história milenar de seu povo infeliz, lembrando, de certa forma, Ivan IV, o Terrível.[2] Por causa disso, todas as recentes e elegantes comparações intelectuais entre Hitler e Stálin são equivocadas, sendo deveras sem sentido: qual dos dois foi o maior assassino? "Os números", como disse Kierkegaard, "são negações da verdade." Hitler era um austríaco que se via como um alemão, destinado e capaz de liderar o povo alemão num determinado momento; Stálin era um georgiano do Cáucaso que desejava liderar os povos da União Soviética, entre eles, talvez, principalmente os russos. Mas os paralelos acabam aí. Os alemães que Hitler herdou eram o povo mais educado do mundo; os povos governados por Stálin, não. É por isso que o fanatismo e a brutalidade dos assassinatos em massa ordenados por Hitler e cometidos pelos alemães foram, e continuam sendo, mais chocantes e inesperados do que as brutalidades e os assassinatos ordenados por Stálin e cometidos por seus subordinados. É por isso também que Hitler continua sendo mais interessante e mais extraordinário que Stálin (e o nacional-socialismo que o comunismo). É lamentável (para dizer o mínimo) que tantos escritores, historiadores e biógrafos de Stálin, incluindo os honestos, se limitem a defini-lo como um representante do extremismo marxista, um autoritário fanático que se utilizava de todos os meios em favor de sua causa. Isso é um contra-senso, ou quase: a personalidade de Stálin e suas brutalidades não eram as de um marxista dogmático, mas de um chefete caucasiano.

E embora este pequeno ensaio não seja uma biografia de Stálin, devemos dizer alguma coisa sobre o seu caráter, já que isso pode nos ajudar a compreender alguma coisa sobre o grande desfecho do drama terrível do dia 21 de junho de 1941. Suspeita, astúcia, dissimulação e aspereza eram traços fundamentais do seu caráter e instrumentos de sua força de vontade. Foi assim que se consolidou no poder. Não era um intelectual, embora lesse muito (tal como Hitler). Conhecia muito pouco sobre o mundo (menos que Hitler). Seu inimigo Trotsky sabia muito mais sobre a realidade fora da Rússia, muito mais sobre livros e sobre Marx, mas nada disso lhe foi de grande valia: era – permitam-me dizer – um tolo. O conflito entre eles foi – o que não era inédito nem incomum – entre cérebro e músculo. Entre um homem altamente inteligente e um suspeito poderoso, ambos inescrupulosos à sua própria maneira. O que é relevante para nossa história é o conflito entre duas visões em relação ao resto do mundo, sobre o qual Trotsky achava que, diferentemente de Stálin, ele próprio sabia muito. O primeiro acreditava na causa e mesmo na possibilidade de uma revolução internacional, o segundo, muito menos, talvez nem um pouco. A suspeita é uma estranha característica da mente humana. Pode resultar de se saber muito pouco ou, pelo contrário, de se saber muito; da ignorância profunda ou da especulação obstinada. Stálin, embora amplamente ignorante com respeito ao mundo fora da Rússia, estava consciente do atraso e das debilidades de seu país. Daí seu lema de 1925, "Socialismo num só país", o que, naquele momento, não significava realmente uma ruptura com o dogma comunista e com a difusão da revolução internacional, apenas a percepção de que é preciso estabelecer prioridades.

Nada disso deveria sequer sugerir que ele fosse um homem de grande ou profunda sabedoria, certamente não entre 1925 e 1939, período que vai de sua chegada ao poder à consolidação final e extrema desse mesmo poder (o que também coincidiu com a concretização de seu pacto com Hitler). Os registros do governo de Stálin de 1928 a 1939 são horríveis, indescritíveis. Falam da coletivização e dos expurgos, duas palavras pálidas que nada significam a não ser que saibamos que elas descrevem a morte, evidentemente desnecessária, de milhões de pessoas, uma situação de quase inanição coletiva e as execuções em massa numa escala sem precedentes em séculos. Durante a década de 1930, quando Adolf Hitler fez da Alemanha a nação mais poderosa da Europa, com o apoio da esmagadora maioria de um povo confiante sob um implacável sol germânico, a impressão causada pela União Soviética de Stálin – exceto, é claro, para os intelectuais e adeptos do comunismo de todo o mundo – era de um país semelhante a uma massa sombria e soturna, com furúnculos supurados e sangue escorrendo de milhares de feridas. Mas a comparação não é minha tarefa nem propósito, e sim detectar sintomas, os sintomas iniciais, do progresso ocorrido na mente de Stálin, o qual o levou do internacionalismo (nunca um traço muito forte nele) ao nacionalismo. Mais precisamente, a evolução do Stálin revolucionário ao Stálin estadista.

Muito reveladora (ao menos aos olhos deste historiador) foi sua crescente preocupação com os poderes do Estado. Isso é especialmente significativo, pois para Marx e Engels, e até para Lênin, o Estado era o inimigo. Para eles, as verdadeiras lutas da história não eram entre Estados, mas entre classes; o Estado deveria ser enfraquecido, não fortalecido. E assim, ao final da triunfante marcha do socialismo, escreveu Marx, o Estado "fenecerá". Na mente de Stálin, a verdade era o oposto, o que também era o desejável. Evidências disso surgiram bem cedo. Numa mensagem a seu subordinado Sergei Ordzhonikidze, em setembro de 1931, Stálin criticou o Politburo, e particularmente um de seus membros, Lazer Kaganovich (que era judeu). "O que é melhor", perguntava Stálin, "pressionar as reservas de moeda estrangeira do Estado e preservar a paz de espírito do aparato econômico ou pressionar o aparato econômico e preservar os interesses do Estado? Penso que a segunda alternativa é melhor que a primeira." Durante a década de 1930, Stálin leu um livro após o outro sobre a história dos czares. Em 1935, disse ao seu círculo íntimo: "As pessoas precisam de um czar ao qual possam adorar e por quem possam viver e trabalhar."[3] De fato, não existe explicação racional para o terror dos expurgos. Eles não podem ser separados da brutalidade e da desconfiança do caráter caucasiano de Stálin (muitos de seus executores mais cruéis também eram caucasianos). Ele tinha a tendência a eliminar quem pudesse ser um crítico, e ainda mais um opositor, mesmo que apenas potencial. Em nome da segurança, quanto mais se eliminassem pessoas desse tipo, melhor. Mas pode haver uma explicação, talvez parcial, desses expurgos, aparentemente sem sentido, da década de 1930: a substituição de uma burocracia partidária por uma burocracia de Estado, totalmente subserviente a Stálin. Para nossos objetivos, é importante reconhecer como, em 1939, a palavra *Estado* se tornara sacrossanta na terminologia oficial soviética, na imprensa nacional e em outras publicações: "segurança de Estado", "poder de Estado", "interesses de Estado" – santificada e até mais reverenciada que os interesses do partido.

Pode ser mais que coincidência o fato de Stálin ter ordenado um abrandamento dos expurgos mais ou menos na época em que também ordenou uma alteração no curso do gigantesco Estado soviético, a primeira e cautelosa mudança no leme, iniciando uma tentativa de guinada na direção da Alemanha. Mas antes de entrarmos em nosso tema principal, o da relação entre Stálin e Hitler, devemos dar uma olhada na política externa soviética antes de 1939, reconhecendo algo que tornava (e talvez ainda torne) a política externa russa, e na verdade a história daquele país, diferente da maioria de outros Estados. Era (e provavelmente ainda é) a discrepância entre as políticas externa e doméstica, entre o curso da nave do Estado e o do governo dessa mesma nave. Durante a década de 1930, nos anos terríveis dos expurgos, a política externa da Rússia era receptiva a ofertas de cooperação internacional contra "agressões". O comissário de assuntos externos de Stálin, Maxim Litvinov, simpático às potências ocidentais, aprovava a idéia e a expressão "segurança coletiva". Em 1933, Hitler fez a Alemanha abandonar a Liga das Nações; em 1934, a União Soviética (depois de muitos anos criticando a Liga como uma instituição do imperialismo capitalista) aderiu a ela. Em 1935, Moscou assinou alianças com a Tcheco-Eslováquia e com a França; em 1936, Stálin optou por enviar armas e assessores à República esquerdista espanhola sitiada por Franco, que recebeu armas e o apoio de Mussolini e Hitler. Enquanto isso, os comunistas dos outros países receberam a ordem de participar das “frentes populares” (e, possivelmente, dirigi-las), aliando-se a qualquer oponente possível do “fascismo”[4] em todo o mundo – embora não houvesse nada mesmo remotamente semelhante a tal política dentro da União Soviética, muito pelo contrário.

Em 1938 e 1939, muitas pessoas (incluindo Winston Churchill) estavam convencidas de que havia chegado o momento de convidar a União Soviética para uma aliança com as democracias ocidentais, já que Hitler era uma ameaça comum. Parecia uma decisão lógica e racional, certamente para o Ocidente, e talvez – poder-se-ia pensar – também para a Rússia.

Mas Stálin não via as coisas dessa maneira.

•••

Não sabemos (e provavelmente nunca saberemos) se houve contatos secretos entre Stálin e Hitler antes de 1939. As provas existentes são fragmentadas e duvidosas.[5] O que sabemos é algo que ainda não foi suficientemente reconhecido: o respeito e a admiração de Stálin pela Alemanha.[6] Para Anthony Eden, que visitou Moscou em março de 1935, Stálin disse: “Um povo tão notável como o alemão teria de romper os grilhões de Versalhes.” E: “Os alemães são um povo notável e corajoso. Nunca esquecemos disso.”[7] E a isso se acrescentavam seu respeito e, sim, admiração por Hitler. Sabemos que ele ficou impressionado com o fato de Hitler ter eliminado rapidamente seus adversários potenciais em seu próprio partido em junho de 1934 (“a noite das longas facas”). Há algumas evidências de que isso influenciou Stálin a continuar os expurgos em seu próprio partido. De qualquer maneira, ele ficou impressionado com os êxitos de Hitler e com o apoio de que este desfrutava entre alemães de todas as classes.

Stálin não ficou impressionado com a tendência de políticos franceses e britânicos, assim como de seus governos, de procurar estabelecer uma aliança com ele. Em 10 de março de 1939, fez um discurso no Congresso do Partido (o primeiro desde 1934, quando a prática anterior de realizar congressos anuais foi abandonada e os expurgos começaram). A União Soviética desejava manter relações "pacíficas, próximas e amistosas" com todas as potências, incluindo a Alemanha. A Rússia não iria "tirar a sardinha com a mão do gato" para a França e a Grã-Bretanha,[8] o que significava que Stálin não lhes permitiria envolver a Rússia numa guerra com a Alemanha. Mas uma semana depois do discurso de Stálin ocorreu uma verdadeira revolução na opinião pública e na política externa britânicas. Hitler quebrara a promessa feita em Munique e agora marchava sobre Praga. Seu próximo alvo era a Polônia. Os governos britânico e francês, na esperança de impedi-lo de ir à guerra, estavam agora dispostos a oferecer uma garantia à Polônia. Stálin mostrou pouco interesse pela resolução finalmente mostrada por Londres e Paris; percebia que agora o objetivo de Hitler era eliminar a Polônia – algo com que ele também poderia acabar lucrando. Disse então a seu circunspecto embaixador em Berlim que falasse com franqueza. Em 17 de abril, Alexei Merekalov dirigiu-se ao Ministério das Relações Exteriores da Alemanha, onde disse: "As diferenças ideológicas" não devem ser "um empecilho" à crescente melhora das relações russo-germânicas. "A União Soviética não havia explorado os atuais atritos entre a Alemanha e as democracias ocidentais, nem tinha a intenção de fazê-lo." Em seguida, Merekalov tomou o trem para Moscou e apresentou seu relatório a Stálin. Duas semanas depois, em 4 de maio, Stálin demitiu Litvinov, seu comissário de Assuntos Exteriores, defensor da "segurança coletiva", e nomeou Molotov em seu lugar. Não é possível melhorar a observação de Churchill sobre o significado disso: "O eminente judeu [Litvinov], o alvo do antagonismo alemão, foi posto de lado temporariamente como uma ferramenta quebrada e, sem que lhe permitissem uma explicação, foi despachado do palco mundial para a obscuridade, a insignificância e a vigilância policial. Molotov, pouco conhecido fora da Rússia, se tornou comissário de Assuntos Exteriores, em aliança íntima com Stálin ... Havia na verdade apenas uma direção em que ele agora provavelmente se moveria. Ele sempre se mostrara favorável a um acordo com Hitler."[9]

Isso não passou despercebido para Hitler. Mas ele continuou cauteloso (exceto, como vimos, por deixar escapar alguns sinais para Paris e Londres de que talvez se visse "forçado" a fazer um trato com Stálin). O líder soviético também foi cauteloso, e talvez até mais dissimulado do que Hitler. Mas ele também se viu subitamente numa posição muito boa. Pela primeira vez, desde a revolução bolchevique, a amizade da Rússia era desejada e procurada pelas grandes potências européias. O governo Chamberlain também estava um pouco cauteloso, embora pressionado pela opinião pública britânica (e por Churchill). Os governos francês e britânico foram lentos no envio de uma missão militar a Moscou a fim de estudar e talvez preparar uma aliança militar com a União Soviética. Eles foram criticados desde então pela trivialidade de seus esforços. Essas críticas, embora justificadas, erram o alvo. Stálin (e seu estúpido bajulador Molotov) não desejava aliar-se às democracias ocidentais e, em conseqüência disso, suportar o impacto de uma guerra terrível contra a Alemanha. Em 1939, Stálin preferia Hitler a Chamberlain. Depois, na noite de 22 para 23 de junho de 1941, ele preferiu Hitler a Churchill.

Não se trata de uma especulação ou de uma análise *post facto*. Fica evidente pelo desenvolvimento subitamente dramático das negociações em agosto de 1939. Em seus poucos encontros com as missões britânica e francesa, Molotov mostrou-se impassível e imóvel – como disse, com raiva, um diplomata francês, ele ficou lá sentado passivamente, enquanto o embaixador alemão considerou importante relatar a Berlim que, mesmo diante da perspectiva de negociações convenientes, "herr Molotov se mostrou extraordinariamente condescendente e sincero" – obviamente, seguindo as ordens de Stálin. E aí o drama subitamente se acelerou. E então foi Hitler quem preferiu se apressar. Ele tomara a decisão de invadir a Polônia no dia 26. Isso devia ser precedido por um grande golpe diplomático: a assinatura de um tratado de não-agressão com a União Soviética. Stálin solicitou que a cerimônia ocorresse em torno do dia 27, quando Ribbentrop poderia ir a Moscou. Hitler pediu que fosse no dia 22 ou 23. Notas diplomáticas foram trocadas entre ele e Stálin, que concordou com o dia 23. Há duas coisas notáveis nesse intercâmbio do mais alto nível. O texto do pacto de não-agressão germano-soviético foi rascunhado por Stálin e Molotov, e não por Hitler e Ribbentrop. Era um texto preciso e totalmente aceitável para os alemães. Mais importante ainda, Moscou sugeriu que, além do tratado de não-agressão, deveria haver um protocolo secreto, estabelecendo as "esferas de influência " das duas potências, que determinava basicamente a divisão da Europa oriental entre elas. Hitler concordou e deu carta-branca a seu ministro do Exterior para tratar disso, ou de qualquer outra coisa.

Poucas horas depois de aterrissar em Moscou, Ribbentrop, resoluto, foi despachado para o Kremlin, onde Stálin o aguardava, sorrindo e evidentemente feliz. Não houve uma única dificuldade durante as negociações, nem mesmo sobre os cuidadosos termos do tratado que assinaram. Perto do fim da grande visita, houve um banquete incomum, com muito champanhe e a costumeira prática russa dos brindes, um deles memorável. Stálin levantou-se espontaneamente e ergueu sua taça: "Sei como a nação germânica ama seu Führer. Portanto, devo brindar à saúde desse grande homem."[10] Naquele mesmo momento, além dos muros do Kremlin, além da cortina de ferro das fronteiras da União Soviética, além das cercas de arame farpado dos campos de concentração alemães e dentro desses, viviam e lutavam milhões de comunistas (e simpatizantes), admirando Stálin e nele depositando toda esperança.

O pacto não significava que Stálin e Hitler tivessem abandonado inteiramente suas ideologias de uma hora para a outra. No caso de Stálin, a causa do comunismo internacional tinha recuado ainda mais para o fundo de sua mente. No entanto, havia (e ainda há) uma explicação da razão pela qual Stálin, como comunista, escolheu fazer um pacto com Hitler. Ele desejava manter a União Soviética fora de uma guerra que se aproximava rapidamente; e também porque uma grande guerra européia como essa acabaria fortalecendo a causa do comunismo internacional – num certo momento, a União Soviética poderia recolher as ruínas da Europa e surgir triunfante num continente devastado pela guerra. A atribuição dessa intenção a Stálin – convincente para anticomunistas de todo o mundo naquele época e mesmo agora – foi documentada pelo texto de um discurso secreto supostamente feito por ele ao Politburo em 19 de agosto, explicando e justificando o pacto que assinaria com Hitler. De alguma forma o texto vazou para o Ocidente e foi publicado pela primeira vez por um prestigioso jornal francês em novembro de 1939. Inúmeros escritores e historiadores desde então se referiram a ele. Só recentemente se provou que o documento havia sido inteiramente forjado.[11]

•••

Stálin estava contente com sua parceria com Hitler[12] e as perspectivas de caráter territorial que o acordo propiciava, como a reconquista de territórios da Europa oriental, antigas possessões do Império russo, que Lênin, antecessor de Stálin, havia perdido. Não se trata de uma especulação, está nas próprias palavras de Stálin, assim como nas de Molotov, inclusive nas lembranças deste escritas meio século mais tarde. A causa do comunismo retirou-se então para o fundo do palco, permanecendo em fogo bem brando, mas ainda estava lá. Stálin era suficientemente astuto para manter cartas na manga.[13] Ainda assim, embora a última leva de expurgos tivesse ocorrido em março de 1939, a prática brutal de eliminar toda espécie de opositor em potencial (quase todos inocentes) prosseguiu, agora sob a liderança de Lavrent Beria, chefe da polícia secreta. Mas o argumento histórico não se deve limitar à dosagem entre as motivações do ideólogo e do estadista. O composto (e não mistura) era o de um chefete caucasiano com um czar camponês. É indiscutível que, já em 1939, ele se via cada vez mais como estadista. Essa auto-imagem lhe trouxe grandes vantagens – por algum tempo. Mas essa autoconfiança se transformaria numa imensa desvantagem, culminando no dia 21 de junho de 1941, quando Stálin e seu país foram levados à beira de uma enorme catástrofe.

Antes de reconstituirmos suas decisões, no entanto, e o desenrolar dos acontecimentos, devemos fazer pelo menos uma análise rápida da evolução da mentalidade de Stálin – ou seja, da transformação de suas idéias. Depois de reconhecer a importância suprema do Estado, viria o reconhecimento da importância primordial das nações e do nacionalismo. Esse fato representou, em essência, um afastamento do marxismo ainda mais significativo do que a ênfase no primado do Estado porque Marx e Engels – e isso era talvez a mais grave deficiência de suas especulações dogmáticas – ignoravam em grande parte as nações e o nacionalismo, que quase nunca figuravam em seus escritos. Mas agora Stálin percebia (tal como Mussolini e Hitler tinham percebido, décadas antes) que o socialismo internacional era basicamente uma miragem. Talvez útil em alguns pontos por causa de seus adeptos, porém muito mais fraco que o nacionalismo. Esse reconhecimento, ao lado e além de suas avaliações geopolíticas, era a principal razão de sua admiração por Hitler, por sua espetacular consolidação da unidade nacional. A Internacional Comunista ainda tinha sede em Moscou, com seu pessoal constituído de pensionistas que haviam sobrevivido aos expurgos, vivendo em níveis cada vez mais baixos às margens da burocracia stalinista. Stálin achava necessário, mais do que útil, conversar de vez em quando com o secretário-geral do Comintern , Georgi Dimitrov; mas o Comintern tinha cada vez menos importância, no final quase nenhuma. Há uma declaração – a meu ver, reveladora – que ele fez a Dimitrov em abril de 1941: "A Internacional foi formada na época de Marx, na expectativa de uma iminente revolução internacional. O Comintern também foi formado num período assim, na época de Lênin. Hoje, a prioridade são as tarefas *nacionais* dos vários países. ... Não se prenda ao que era regra *ontem*. Leve em conta estritamente as novas condições que surgiram."[14] Em julho de 1940, um artigo de Engels, amigo e patrono de Marx – intitulado: "Sobre a política externa do czarismo russo" –, estava para ser publicado no principal periódico da Rússia comunista, o *Bolshevik*. Stálin proibiu e escreveu uma nota : "A vilania agressiva não é monopólio dos czares russos. ... Ao atacar a política externa czarista [Engels] retira-lhe toda a credibilidade."[15]

Ele ficou surpreso e impressionado com a velocidade da campanha alemã na Polônia. Isso o obrigava a iniciar mais cedo do que esperava a ocupação do Leste daquele país, o que ocorreu em 17 de setembro. Não houve incidentes reais quando os soldados russos encontraram seus aliados alemães ao longo da linha divisória. Dez dias depois, Ribbentrop foi outra vez de avião a Moscou, a fim de fazer ajustes naquele mapa assustador, negociando territórios, passando, inclusive, a Lituânia para a esfera soviética. Esse encontro entre Ribbentrop, Molotov e Stálin foi outro motivo de júbilo. Em 31 de outubro, Molotov, sob as ordens de Stálin, fez um dos discursos mais desdenhosos de sua longa e desprezível carreira, ao descrever a Polônia como um câncer no mapa.[16]

Para Stálin, a sugestiva mas imprecisa expressão "esfera de influência" significava total liberdade de ação na região da nova fronteira russo-germânica que tinha ficado do seu lado. Assim, ele e Molotov forçaram os desafortunados enviados dos Estados bálticos em Moscou a aceitarem a presença de guarnições e bases navais russas em seus territórios. Os estonianos, letões e lituanos tiveram de aceitar, na esperança de que, apesar dessas concessões militares, sua mínima independência cívica pudesse prevalecer. Mais ao sul, as partes da Polônia ocupadas pelos soviéticos foram simplesmente anexadas à União Soviética. Tendo tratado dos Estados bálticos, Stálin voltou-se quase imediatamente para a Finlândia, também situada em sua "esfera de influência". De novo, a questão principal era territorial e militar, a exigência de mudanças na fronteira e o estabelecimento de pelo menos uma base militar russa. Havia ao menos uma razão para essa última exigência: depois de 1920, a fronteira com a Finlândia passava muito perto de Leningrado. Os finlandeses sabiam disso. Não eram totalmente insensatos. Mas logo ficou evidente que Stálin buscava o consentimento deles para incluí-los em sua esfera de influência – ou seja, seu Império. Foi ele, e não os finlandeses, quem interrompeu as negociações. Ordenou que se forjasse um "incidente" ao longo da fronteira russo-finlandesa. Sob esse pretexto, em 30 de novembro entrou em guerra contra a Finlândia.

Foi uma guerra entre dois Estados: a Rússia, enorme e brutal, e a Finlândia, brava e intransigente. Mas Stálin lhe deu um manto ideológico. Utilizando um grupo de comunistas finlandeses exilados cujo "governo" foi estabelecido por ele mesmo na fronteira entre a Rússia e a Finlândia, Stálin usou o pretexto de ajudar aquele "governo popular" contra o regime "reacionário" de Helsinque. Mas essa guerra logo se tornou um mau negócio para os russos. Seu exército e sua força aérea tiveram um desempenho lamentável. Os russos levaram quase três meses para reunir uma força suficiente para romper a principal linha de defesa de um adversário muito menor. No início de março, os finlandeses foram obrigados a assinar um tratado de paz. O documento, significativamente, não continha uma palavra sobre o "governo popular finlandês", o pretexto pelo qual a Guerra do Inverno havia começado. A Finlândia perdeu parte de seu território, uma cidade importante e uma base naval, mas continuou a existir como nação independente – a única entre as terras que faziam parte da esfera de influência de Stálin (algo semelhante ocorreria com a Finlândia depois da Segunda Guerra Mundial, durante a chamada Guerra Fria).

O desempenho lamentável dos russos na Guerra do Inverno surpreendeu o mundo inteiro, incluindo, evidentemente, os generais alemães. (Chegou a haver um breve momento em que a Grã-Bretanha e a França estiveram perto de se arriscar em uma guerra contra a União Soviética.) Stálin convocou uma reunião com seus comandantes militares em abril para discutir as falhas na Guerra do Inverno. Os resultados não foram totalmente conclusivos. Algumas pessoas foram demitidas, outras não. Algo muito mais grandioso e espetacular estava acontecendo no cenário mundial. Em abril, Hitler invadiu a Dinamarca e a Noruega, nesta última os alemães expulsaram facilmente os britânicos. No dia 10 de maio, os exércitos germânicos rumaram para o Oeste. A Holanda se rendeu em quatro dias, a Bélgica em 18, a França em menos de seis semanas, enquanto os britânicos continuavam lutando – mas como? Por quanto tempo? Stálin mandou Molotov enviar uma congratulação demagógica a Hitler ("o brilhante sucesso do Exército alemão"). Ao mesmo tempo, decidiu tirar proveito disso. Ordenou (no dia da queda de Paris) a plena incorporação dos Estados bálticos ao seu Império, a cujas capitais enviou alguns de seus piores sátrapas: Vladimir Dekanozov para a Lituânia, Andrei Vishinsky para a Letônia e Andrei Zhdanov para a Estônia. Caminhões e tanques russos com tropas de infantaria atravessaram sem pudor essas desafortunadas planícies. Dez dias depois, Stálin apresentou um súbito ultimato à Romênia, exigindo a entrega da Bessarábia (que já havia sido da Rússia), ao mesmo tempo em que acrescentava a seu império uma fatia da parte Noroeste daquele país (a porção Norte da Bukovina, não mencionada no protocolo secreto). Hitler estava agora perturbado com a interpretação de Stálin do significado de "esfera de influência". Seu olhar e sua mente começaram a se deslocar para Leste, imaginando o que a conquista da Rússia pela Alemanha poderia significar nessa guerra.

Churchill percebeu isso. Em 25 de junho, escreveu uma carta a Stálin – um grande documento de Estado na história da diplomacia do século XX. A essência da carta era esta: a Alemanha conquistou toda a Europa, ou a maior parte dela. Agora só restam dois de nós nos extremos do continente. Nós britânicos vamos continuar lutando até acabar com o poder de Hitler. Eu não espero que o senhor se coloque do nosso lado, não neste momento, com certeza, mas não acha que deveríamos trocar idéias, pelo menos de vez em quando? Churchill não esperava uma resposta, que aliás não veio. A carta foi enviada para o recém-nomeado embaixador britânico na União Soviética, Sir Stafford Cripps, uma indicação infeliz. Cripps levou quase uma semana para conseguir uma audiência com Stálin. Antes disso, Molotov se recusou a se encontrar com ele. Depois do encontro com Cripps, Stálin mandou Molotov vazar para os alemães o conteúdo da mensagem de Churchill, a fim de garantir a Hitler que ele – Stálin – não iria entrar em acordo com Churchill.

Stálin pensava – como a maioria das pessoas naquele fatídico verão de 1940 – que Hitler planejava invadir a Inglaterra. Nenhum de seus agentes tinha conhecimento da declaração de Hitler a seus generais, em 31 de julho, para preparar uma eventual invasão da Rússia. Começou então a haver um aumento gradativo de unidades militares alemãs na Polônia. No final de setembro, Stálin percebeu que os alemães não invadiriam a Inglaterra naquele ano. Também se deu conta do Pacto Tripartite entre Alemanha, Itália e Japão, com sua cláusula incomum apaziguando a União Soviética. Stálin então julgou que era o momento de um outro grande arranjo, ampliando as esferas de influência com Hitler. O primeiro passo nesse sentido seria enviar Molotov a Berlim para encontrar Hitler e Ribbentrop. Ao mesmo tempo, Stálin começava a se inquietar com certos acontecimentos em sua vizinhança. A Finlândia fora incorporada a sua esfera de influência. Ele havia permitido que uma Finlândia diminuída permanecesse independente. Mas agora, em agosto de 1940, missões alemãs começavam a chegar à Finlândia. Outras notícias desagradáveis chegavam dos Bálcãs.[17] Em agosto-setembro de 1940, tropas alemãs se deslocaram pela Hungria, até a Romênia, anexando-a à esfera alemã. Não seria razoável exigir que pelo menos a Bulgária, um Estado e uma nação tradicionalmente russófilos, pudesse se juntar à esfera russa?[18] Houve protestos russos, redigidos em cuidadosa linguagem diplomática, contra o comportamento unilateral dos alemães na Romênia. Houve outra tentativa dos russos de estabelecer com Mussolini um acordo sobre esferas de influência nos Bálcãs. Nada resultou disso tudo. Mas, naquele momento, a importância dessas iniciativas empalideceu diante da possibilidade de um propósito maior : uma nova divisão da Eurásia mediante um acordo entre Stálin e Hitler.[19]

Já vimos que isso não aconteceu; que, em vez de ouvir o argumento de Molotov, Hitler ficou irritado com ele, especialmente no que se refere à Bulgária e à Finlândia. Stálin então resolveu não desautorizar Molotov, mas inverter a ordem de prioridades em que este havia insistido em Berlim, que as questões da Finlândia e da Bulgária fossem resolvidas antes de se passar aos temas mais amplos. Stálin ordenou então a Molotov que preparasse um projeto com escopo muito maior: a divisão da Europa, Ásia e África entre as esferas de influência da Alemanha, Itália, Japão e Rússia. Como no pacto de agosto de 1939, o novo projeto de Stálin continha protocolos secretos: a esfera de influência alemã incluiria a África central; a italiana, o Norte da África; a japonesa, o Sudeste asiático; a soviética, o Sul de seu império, no Oriente Médio, na direção do oceano Índico. Um segundo protocolo secreto conclamava a um esforço conjunto para obrigar a Turquia a adequar-se aos desejos da Alemanha e da Rússia. Em 26 de novembro, Molotov deu ao embaixador alemão em Moscou e ao novo embaixador russo em Berlim (Dekanozov) uma versão mais extensa e precisa desse projeto. O texto começava referindo-se à declaração sobre um pacto mundial entre quatro potências, tal como Ribbentrop havia mencionado em Berlim, que o governo soviético estava agora pronto para aceitar. Esse projeto mais detalhado incluía cinco protocolos secretos: um sobre a Bulgária,[20] outros sobre a Finlândia, as relações russo-japonesas, a Turquia e os estreitos turcos; em suma, a divisão dos Bálcãs e uma possível divisão da maior parte da Eurásia.

Não houve resposta de Berlim, nem mesmo uma confirmação de recebimento. Mas não pareceu que a indiferença de Hitler a essa grande oferta tivesse tido muito peso sobre a mente de Stálin. A imprensa soviética continuou publicando ocasionais comunicados da Wehrmacht. Petróleo, borracha e outras matérias-primas estratégicas da União Soviética, importadas pela Alemanha, eram entregues pontualmente – na verdade, seu volume continuava crescendo, como registravam as respectivas agências alemãs em Berlim.[21] Enquanto isso, os russos nada conseguiam nos Bálcãs. Em 1º de março, o Exército alemão invadiu a Bulgária. Em seguida veio a Iugoslávia; como vimos, o golpe de Estado de Belgrado foi um obstáculo, embora temporário; e Stálin se sentiu compelido a fazer pelo menos um gesto, um pacto de "não-agressão" com os desafortunados iugoslavos. Mas 1941 não era 1914, e os exércitos de Hitler invadiram e dominaram a Iugoslávia ao estilo Blitzkrieg. E então a acumulação de acontecimentos levou a um episódio surpreendente na história da diplomacia stalinista (se é que a antiga e nobre palavra *diplomacia* se aplica a esse tipo de episódio).

Em 12 de abril, Matsuoka fez uma escala em Moscou em sua viagem de volta ao Extremo Oriente. Ele e Stálin assinaram um tratado de não-agressão. Houve algumas circunstâncias incomuns nessa cerimônia que ocorreu num almoço, não num jantar. Foi uma refeição extraordinariamente longa, com muita bebida e alegria, ao que os japoneses evidentemente não estavam acostumados. Até o austero Molotov se embriagou. Um cortejo de automóveis conduziu os japoneses à estação ferroviária, onde seus membros embarcariam no Expresso Oriente para a longa jornada rumo ao Leste. Mas então foi anunciado que a partida do trem seria atrasada em uma hora. Subitamente apareceu outro comboio de grandes automóveis pretos, de onde surgiu ninguém menos que Stálin e Molotov, sorridentes e trôpegos. Houve sussurros e agitação entre autoridades e diplomatas ali reunidos, entre eles o magro e elegante embaixador da Alemanha. Stálin evidentemente procurava por ele. Foi até

Schulenburg, tentando colocar seus braços curtos sobre os ombros altos do embaixador, e disse em voz bem alta: "Temos de continuar amigos e [o senhor] deve fazer tudo para esse fim!" Depois abraçou o adido militar alemão: "Continuaremos amigos de vocês – o que quer que aconteça!" Seus gestos tiveram toda a sutileza de um urso tentando dançar um tango. Os alemães ficaram muito impressionados.[22] Hitler não.

•••

A chave para o que se seguiu não é mais a competência de Stálin como estadista, mas a persistência de sua fé em Hitler. Os relatórios chegavam toda hora a Moscou, não apenas sobre a quantidade crescente de divisões alemãs na Polônia, mas também sobre a decisão de Hitler de invadir a Rússia, alguns deles mencionando meados de junho. Dizer que Stálin teve relutância em acreditar neles é atenuar o fato: ele simplesmente não acreditou. Não acreditava, não podia acreditar, que Hitler resolvesse entrar em guerra com ele num momento em que a Alemanha enfrentava a Inglaterra. Uma guerra em duas frentes era algo que Hitler não iria desejar.

Na noite de 4 de maio, Stálin e o Politburo decidiram elevá-lo à categoria de primeiro-ministro de Estado. (Até então, oficialmente, Stálin não passava de primeiro-secretário do partido.) Isso foi anunciado aos povos soviéticos e ao mundo dois dias depois. O significado desse fato não deixou de ser percebido por Schulenburg, que o recapitulou diversas vezes. Stálin agora "assumiu o poder supremo do Estado ... e os dois homens mais poderosos da União Soviética – Stálin e Molotov – detêm posições decisivas para a política externa do país. ... Essa política externa é, afinal, direcionada a evitar um conflito com a Alemanha. [Isso] ficou provado pela atitude do governo soviético durante as últimas semanas e pelo tom da imprensa soviética."[23]

Na noite anterior ao anúncio de sua nomeação para o cargo de primeiro-ministro, Stálin fez um discurso cujo conteúdo tem sido desde então objeto de debate. A ocasião foi um banquete no Kremlin para os formandos das 16 academias militares do Exército Vermelho. O texto exato desse discurso não existe; há pelo menos quatro ou cinco versões. Um resumo sucinto é o de Dimitrov: "Não há defesa sem ataque. O exército deve ser educado no espírito ofensivo. Devemos estar preparados para a guerra." Dessa vez Stálin falou sobre o Exército alemão. De acordo com uma versão, ele teria dito que os alemães, apesar de tudo, não eram invencíveis; segundo outra, que o Exército alemão era muito forte. Diferentemente de seu suposto discurso de 19 de agosto de 1939, essas versões não são forjadas. Mas aqui nos defrontamos com alegações muito difundidas hoje em dia, e por vezes inventadas. O discurso de Stálin tem sido usado pelos que afirmam que ele preparava um ataque à Alemanha em julho de 1941, mas Hitler se antecipou; e que, em suma, a invasão da Rússia por Hitler em 22 de junho teria sido um movimento preventivo. Essa peça de propaganda foi lançada, em 1977, por David Irving, um admirador de Hitler, em seu livro *Hitler's War*, citando como "evidência" uma ou duas imagens microfilmadas inteiramente irrelevantes. Dez anos depois, historiadores alemães da melhor reputação fizeram uma tentativa mais sutil de justificar Hitler, ao menos em parte, apresentando dois argumentos: primeiro, que o comunismo era tão ruim como o nazismo, se não pior, e que o Holocausto foi, de muitas maneiras, uma resposta ao Gulag; segundo, que Stálin estava para atacar a Alemanha em 1941.[24]

Esse plano não existiu. É esse o consenso atual da maioria dos historiadores sérios.[25] Além disso, Stálin – não importa qual tenha sido o tom de seu discurso aos aspirantes em 5 de maio – fez ainda outra tentativa de impressionar Hitler com sua amizade. Em 10 de maio, ordenou o rompimento das relações entre a União Soviética e os governos belga, holandês, norueguês, grego e iugoslavo, assim como a expulsão das delegações desses países de Moscou. Mais importante ainda, porém, foi algo que se desenrolou por trás dos panos. E envolveu dois homens, os respectivos embaixadores em Moscou e Berlim: Schulenburg, o imponente aristocrata alemão,[26] e Dekanozov, um inexpressivo ex-agente da polícia secreta, agora o principal emissário de Stálin a Hitler.

Em 28 de abril, Hitler recebeu Schulenburg em Berlim. Concedeu-lhe não mais de meia hora. O embaixador lhe disse que as relações de Stálin com a Grã-Bretanha não estavam melhorando. Pelo contrário, Stálin queria demonstrar sua intenção de colaborar com a Alemanha. O episódio iugoslavo não importava mais. Schulenburg estava convencido de que Stálin se encontrava preparado para fazer mais concessões à Alemanha. Hitler não se convenceu. Falou pouco, salvo uma rápida observação deliberadamente casual ao final do diálogo: "Mais uma coisa, conde Schulenburg, eu não quero uma guerra com a Rússia."[27] Schulenburg não se convenceu. Voltou para Moscou com premonições sombrias. Nesse mesmo momento, Dekanozov estava na capital russa fazendo um relatório a Stálin. Este fez com que ele ficasse ao seu lado na Praça Vermelha nas comemorações de 1º de maio – outra sinalização a Hitler, sem dúvida. E então, em desespero, Schulenburg (particularmente impressionado com a promoção de Stálin ao cargo máximo de seu governo em 5 de maio) tomou as rédeas das negociações. Encontrou-se três vezes com Dekanozov antes de retornar a Berlim. Discorreu longamente sobre o que podia e devia ser feito para evitar uma guerra entre os dois países. Sabia que não estava autorizado a isso e tinha ciência do que estava fazendo, mesmo assim ainda foi longe com as suas intenções. Por fim, sugeriu que Stálin escrevesse pessoalmente uma carta a Hitler. Stálin e Molotov trocaram idéias com Dekanozov e disseram-lhe para ir em frente com esse plano da carta.[28]

•••

Mais de uma dúzia de livros e um número muito maior de artigos agora contêm textos e listas de documentos secretos, e às vezes não, expedidos de Moscou durante os dois últimos meses antes da invasão alemã. Muitas dessas informações foram citadas por vários escritores, historiadores, arquivistas, romancistas e amadores, assim como acadêmicos, nas duas últimas décadas, devido à disponibilidade parcial (e evidentemente incompleta) dos arquivos russos.[29] Muitos desses relatórios são tão reveladores, dramáticos e chocantes (especialmente em retrospecto) que pode ser suficiente apresentá-los aqui de forma resumida, principalmente segundo suas procedências e fontes.[30]

Eles provêm, em primeiro lugar, de estadistas, de líderes de outras grandes potências. Em 17 de abril, Churchill, impaciente, escreveu uma longa mensagem a Stálin, informando-lhe o que a inteligência britânica sabia da concentração militar alemã contra a Rússia. Como Cripps, seu embaixador, pareceu atrasar deliberadamente a entrega dessa importante mensagem a Molotov e Stálin, Churchill ficou furioso. Não devia: sua carta não fez diferença. Stálin foi em frente, acreditando em Hitler. Um mês antes, em 20 de março, Roosevelt mandou seu subsecretário de Estado Summer Welles, um homem altamente inteligente, chamar o embaixador soviético Konstantin Umansky e lhe dar informações sobre a concentração de tropas alemãs na Polônia.

Em 15 de abril, o embaixador norte-americano em Moscou, Laurence Steindhardt, disse quase a mesma coisa a Lozovsky no Ministério das Relações Exteriores russo. O comentário de Stálin foi que esses avisos não passavam de uma tentativa dos anglo-americanos de provocar uma guerra entre Alemanha e Rússia, com a qual Londres e Washington se beneficiariam. (Cripps, o embaixador britânico, desconcertado com o comportamento dos russos, voltou de avião para Londres, via Estocolmo, 12 dias antes de 22 de junho; e só retornou a Moscou depois do dia 25.) O embaixador russo em Londres, Ivan Maisky, que tivera boas relações com Churchill, agora tinha medo de Stálin e portanto era evasivo e inútil. No dia 10 de junho, Churchill mandou que Alexander Cadogan, subsecretário permanente do Departamento de Relações Exteriores, chamasse Maisky. Cadogan disse a Maisky que se sentasse e pegasse lápis e papel. "Sob a instrução do governo de Sua Majestade", leu item por item o que a inteligência britânica sabia sobre a futura invasão alemã: "O primeiro-ministro pede-lhe que comunique urgentemente todos esses dados ao governo soviético". Não surtiu efeito. Da longínqua China veio um relatório de Chiang Kai-Shek, apontando a data do ataque alemão para 21 de junho.

Quase sem exceção, os embaixadores e ministros russos nas várias capitais do mundo estavam relutantes – ou mais precisamente temerosos[31] – em dizer a Stálin aquilo que ele, de modo cada vez mais óbvio, não queria ouvir. Esse tipo de subserviência semi-oriental ao grande *khan* ou czar teve um efeito bastante prejudicial sobre a pilha de relatórios, freqüentemente muito precisos, dos agentes que trabalhavam no estrangeiro para a inteligência militar russa. Stálin demitiu o fiel e por vezes sincero chefe da inteligência militar em julho de 1940 (Ivan I. Proskurov depois foi preso e morto a tiros) e o substituiu por Filipp I. Golikov, que, quase até o dia da invasão alemã, concordava com ele, ou ao menos parecia que concordava. Um relatório de um agente tcheco, já no início de abril, apontava uma invasão alemã em meados de junho. Stálin escreveu uma nota à margem: "Provocador inglês! Investiguem!" E essa foi apenas uma das fontes cujas informações coincidiam quase exatamente com as repetidas mensagens enviadas de Tóquio pelo posteriormente tão famoso Richard Sorge: "A Alemanha começará uma guerra com a União Soviética em meados de junho" (em 5 de maio). "Repito, nove exércitos e 150 divisões iniciarão uma ofensiva no amanhecer de 22 de junho" (em 13 de junho). Stálin demitiu Sorge: um joão-ninguém, "um homenzinho".[32]

Outro mecanismo de inteligência era o da polícia secreta do Estado (a NKVD, chefiada por Beria), freqüentemente menos confiável que a inteligência militar, e depreciada em função da fragilidade de seu quadro. O principal agente designado para a embaixada em Berlim após o pacto Hitler-Stálin, A.Z. Kobulov, não era apenas estúpido, mas se baseava em falsas informações fornecidas por um agente duplo alemão. Mesmo assim havia muitas evidências provenientes de outras fontes – por exemplo, de um implacável adversário de Hitler no Ministério da Aeronáutica alemão,[33] que fazia vazar informações para um diplomata norte-americano em Berlim (Sam E. Woods) por meio de um de seus amigos. O chefe da operação de inteligência da polícia secreta no estrangeiro, Pavel Fitin, não era bobo. Ele se sentiu compelido a enviar um importante relatório de uma dessas fontes alemãs de primeira linha a Merkulov, comissário de segurança do Estado, que o colocou sobre a mesa de Stálin. "Todas as preparações da Alemanha para um ataque armado à União Soviética foram completadas; pode-se esperar o ataque a qualquer momento." Stálin escreveu à margem: "Camarada Merkulov, pode mandar sua 'fonte' do quartel-general da aviação alemã para a ----ta da mãe dele. Não se trata de uma fonte, mas de um *dezinformator*."[34]

Ele escreveu isso em 17 de junho, uma terça-feira, menos de cinco dias antes da invasão de Hitler ter início.

Esse tipo de evidência, sobre a condenável falta de disposição de Stálin para ouvir, é impressionante. Entretanto devemos ter em mente que a inteligência da polícia secreta inclui centenas de indícios sugestivos, que implicavam intenções em vez de ações. Mas no caso havia uma quantidade de provas cada vez maior, não apenas de intenções, mas de ações. Havia cerca de 1,5 mil quilômetro de fronteiras entre a União Soviética, a Alemanha e os aliados desta na Prússia oriental, Polônia, Hungria e Romênia. Poucas semanas antes de junho, as comissões conjuntas da fronteira germano-soviética haviam pesquisado e assinalado as linhas exatas que separavam os dois países, especialmente onde a fronteira não era demarcada por um rio. Do outro lado das planícies niveladas, verdes e melancólicas da Polônia, era impossível esconder ou mesmo disfarçar o que estava ocorrendo do lado alemão, onde se acumulavam grandes quantidades de soldados e muitos milhares de engenhos militares. Além disso, como acontece em quase toda fronteira, ainda que vigiada, havia sempre, por diversos motivos, uma pequena quantidade de homens e mulheres se infiltrando através dela, alguns dos quais eram agentes e sabotadores. A agência especial soviética de Tropas da Fronteira relatava a prisão de pessoas suspeitas: seus números multiplicaram-se por cinco ou seis nos primeiros meses de 1941. Em meados de junho, houve provas diretas de que sabotadores atravessavam a fronteira para causar estragos em linhas férreas da Bielo-Rússia e da Ucrânia. Em 16 de junho, apareceu o primeiro desertor de uma unidade do Exército alemão – mas seu testemunho foi desacreditado.

Mais revelador ainda é o caso dos vôos de reconhecimento realizados pelos alemães, violações óbvias do princípio soviético de soberania do Estado, tão rigidamente observado em outras circunstâncias. Já em março de 1940, Stálin mandou Beria expedir uma ordem: "Em caso de violações da fronteira germano-soviética por aviões ou balões alemães, não abram fogo."[35] E também: em caso de violações da fronteira, "tome-se todo o cuidado para que as balas não atinjam o território alemão". Em março e abril de 1941, a Alemanha realizou tantos vôos de reconhecimento que alguns protestos diplomáticos ansiosos e cuidadosamente redigidos foram apresentados a autoridades germânicas em Berlim e Moscou. Mas eles não tinham importância, pois Stálin ordenara que não houvesse interferência nem fogo antiaéreo contra aviões militares alemães, não importando o quanto tivessem penetrado em território soviético. Em essência, ele deu carta-branca ao reconhecimento aéreo alemão.[36] "*Não* abram fogo!" O resultado foi o desastre: em 22 de junho, a Luftwaffe destruiu quase metade da força aérea russa, os aviões estacionados nos campos de pouso ou nos hangares.

Às 19h de 13 de junho, uma sexta-feira, os megafones das pequenas e grandes cidades da União Soviética trovejaram o texto de um comunicado oficial (da Tass). Mais ou menos uma hora depois, o próprio Molotov chamou o embaixador alemão e lhe entregou o texto. Na manhã seguinte, todos os jornais diários da União Soviética receberam ordem de publicá-lo em suas primeiras páginas:

> Antes mesmo do retorno a Londres do embaixador inglês Cripps, mas especialmente depois disso, tem havido na imprensa inglesa e estrangeira rumores generalizados de "uma guerra iminente entre a URSS e a Alemanha". Esses rumores alegam:
>
> 1. Que a Alemanha supostamente tem feito várias exigências territoriais e econômicas à URSS e que neste momento são iminentes as negociações entre os dois países para a conclusão de um novo acordo, mais estrito;

2. Que a União Soviética supostamente recusou essas exigências e, em resultado disso, a Alemanha começou a concentrar tropas na fronteira da URSS com o objetivo de atacar este país;

3. Que, de sua parte, a União Soviética supostamente começou a realizar intensos preparativos para a guerra contra a Alemanha e a concentrar tropas na fronteira com aquele país.

Apesar do caráter obviamente absurdo desses rumores, círculos responsáveis em Moscou consideraram necessário, em vista da persistente difusão dos mesmos, autorizar a Tass a investigar se eles são uma canhestra manobra de propaganda das forças reunidas contra a União Soviética e a Alemanha, interessadas na difusão e intensificação da guerra.

A Tass declara que:

1. A Alemanha não fez exigências à União Soviética nem solicitou nenhum acordo mais estrito, e portanto não podem estar ocorrendo negociações;

2. Segundo evidências de posse da União Soviética, tanto esta quanto a Alemanha estão cumprindo ao pé da letra os termos do Pacto Germano-Soviético de Não-Agressão, de modo que, na opinião dos círculos soviéticos, os rumores sobre a intenção da Alemanha de romper o pacto e lançar um ataque à URSS são completamente destituídos de fundamento, enquanto as recentes movimentações de tropas alemãs, que concluíram suas operações nos Bálcãs, em direção às partes Leste e Norte da Alemanha, devem ser explicadas por outros motivos, sem ligação com as relações germano-soviéticas;

3. A União Soviética, de acordo com sua política de paz, tem cumprido e pretende cumprir os termos do Pacto Germano-Soviético de Não-Agressão; em resultado disso, todos os rumores segundo os quais a União Soviética está se preparando para uma guerra com a Alemanha são falsos e provocadores;

4. A convocação de verão dos reservistas do Exército Vermelho, que está sendo realizada agora, e as iminentes manobras nada significam senão o treinamento destes militares e a verificação de operações do sistema ferroviário, que, como se sabe, acontece a cada ano; conseqüentemente, parece no mínimo sem sentido interpretar essas medidas do Exército Vermelho como uma ação hostil à Alemanha.[37]

O uso da expressão "círculos responsáveis" denota uma prova circunstancial de que uma grande parte desse texto foi escrita pelo próprio Stálin. O que mais foi isso senão uma repetição daquela cena de dois meses antes na estação ferroviária de Moscou? E, no entanto, as coisas já não eram as mesmas: o Exército do Terceiro Reich estava se preparando; aviões alemães, incólumes, faziam vôos de todo tipo sobre aeródromos russos; e Hitler agora permitia que seus supostos aliados, finlandeses, romenos e húngaros, fossem informados de que era iminente uma guerra da Alemanha contra a União Soviética.

Mais três dias e três noites se passaram. Não houve absolutamente nenhuma reação de Berlim, nem mesmo uma confirmação de recebimento daquele abjeto "comunicado" de Moscou.[38] Stálin permaneceu impassível.[39] Advertências e relatórios apareciam agora em grande quantidade. Os generais Timoshenko e Zhukov tentaram impressionar Stálin, mas em vão. Voltaram a apresentar seu argumento várias vezes, uma delas em 18 de junho, no gabinete de Stálin, com a presença de membros do Politburo. Stálin chegou a gritar com Zhukov: "Você vem nos assustar com a guerra, ou será que você quer a guerra porque não tem um número de medalhas suficiente? Se você provocar os alemães na fronteira deslocando tropas para lá sem nossa permissão, cabeças rolarão, guarde minhas palavras!" Stálin bateu a porta com força.[40]

Era natural que a Alemanha tentasse enganar o mundo e, evidentemente, a Rússia, tanto quanto possível. Um esquema inteligente foi preparado por Goebbels, que, em 15 de junho (o dia seguinte ao comunicado da Tass), ordenou e tornou amplamente conhecido o confisco de uma edição de um jornal alemão que publicara um artigo sugerindo uma futura invasão da Inglaterra por pára-quedistas germânicos. O objetivo era insinuar a potencial iminência de tal acontecimento. Hitler concordou com esse embuste. Nós já vimos, no entanto, que ele pouco fez para ocultar suas reais intenções. Enquanto isso, a imprensa alemã começou a publicar ocasionais artigos anti-soviéticos. Em 14 de junho, Goebbels escreveu em seu diário: "Os russos estão hipnotizados por nós e estão com medo. ... Os russos não parecem suspeitar de nada. Em todo caso, seus arranjos militares são exatamente como desejaríamos que fossem: densamente aglomerados, fáceis de [cercar e] capturar."[41]

Podemos ter certeza de uma coisa: da consistente desconfiança de Stálin em relação aos ingleses. Ele os via como imperialistas e capitalistas prototípicos, piores que os alemães, aos quais respeitava. Sabia muito menos sobre a Inglaterra e os ingleses do que sobre a Alemanha e os alemães (como também era o caso de muitos outros membros da hierarquia comunista de Moscou). Também acreditava (evidentemente sem motivo) que era do interesse dos britânicos que houvesse uma guerra entre o Terceiro Reich e a União Soviética – e de fato era do interesse deles provocá-la. Hitler também sabia disso – mas não precisava de uma provocação britânica para atacar e esmagar a Rússia. Vimos que, já em 18 de junho, Stálin atribuiu a maioria dos relatórios sobre um iminente ataque alemão, se não todos eles, a provocações dos ingleses (ou norte-americanos). Em 19 de junho, no entanto, quinta-feira, ele não podia mais negar a possibilidade do que estava por vir. Houve um verdadeiro enxame de vôos de reconhecimento alemães além das fronteiras ocidentais. Os relatórios chegavam, um após o outro. Sobre esse momento, a agenda de Stálin pode ser de algum interesse. Ele passou todas essas noites e alguns desses dias em sua dacha* em Kuntsevo, nos arredores de Moscou (embora não distante, ficava a menos de meia hora do Kremlin num carro rápido). Nor-

* Casa russa de verão. (N.E.)

malmente, chegava ao gabinete no Kremlin no início da tarde, lá permanecendo e trabalhando até a alta madrugada. Tarde da noite naquela quinta-feira, ele finalmente assinou a ordem de esconder e camuflar os aviões e campos de pouso. (Foi muito pouco e muito tarde.) Naquele dia, chegou outro relatório de um agente na Alemanha, informando que o ataque começaria no domingo. Não foi mostrado a Stálin. Um artigo no *Pravda* atacou o – temporariamente ausente – embaixador britânico: "O Pacto Russo-Germânico permanece firme, intacto."[42] Nessa noite e na sexta-feira, navios alemães, muitos deles descarregados, começaram a levantar âncora em portos soviéticos, retirando-se em direção à Alemanha. Nos portos finlandeses, atracaram 15 navios alemães, e 10 mil soldados germânicos, segundo relatos, foram transportados do Norte da Noruega para a Finlândia.

Sábado, 21 de junho, foi um dia extraordinariamente quente. O povo de Moscou prosseguia em seus afazeres cotidianos. O *Rigoletto* e a *Traviatta* estavam na programação das casas de ópera. Centenas de quilômetros a Oeste, por toda a longa fronteira, havia um ruído de movimento. Um outro desertor alemão, que tinha atravessado a nado um dos rios da fronteira, avisou que o ataque começaria no amanhecer. No dia mais longo do ano, o sol brilhava até tarde da noite. Em algum momento depois das 18h, naquela tarde de verão implacavelmente radiosa, Molotov e outros membros do Politburo se reuniram no apartamento de Stálin no Kremlin.

Ficaram juntos, sentados, por mais cinco ou seis horas (há alguma confusão quanto ao tempo exato em suas várias memórias). Enquanto isso, os primeiros sinais da guerra chegavam. Por volta das 21h, Molotov deixou o apartamento de Stálin, de onde se ausentou por mais ou menos uma hora, indo até o seu gabinete, que ficava a 15 minutos dali. Pois ele e Stálin haviam concordado – finalmente – em protestar aos alemães sobre a crescente quantidade de vôos germânicos no espaço aéreo russo. Esse foi o primeiro protesto de Moscou endereçado a Berlim em várias semanas. Houve mais que isso. Em Berlim, Dekanozov recebeu ordem de continuar ligando para o Ministério das Relações Exteriores alemão, mas foi praticamente em vão – seus colegas alemães restringiram a conversa a questões de visto. Então lhe disseram que procurasse Ribbentrop, mas em vez disso foi encaminhado ao seu subsecretário, Ernst von Weizsaecker, a quem entregou a mesma nota de protesto diplomático que Molotov apresentara a Schulenburg no Kremlin. "herr Dekanozov tentou prolongar um pouco a conversa", mas Weizsaecker lhe disse: "Agora não." Em Moscou, Molotov disse mais. "Havia uma série de indicações de que o governo alemão estava insatisfeito com o governo soviético." Chegavam a ser correntes os rumores da iminência de uma guerra entre Alemanha e União Soviética. "Mas por quê? [herr Molotov] gostaria que eu lhe dissesse o que tinha provocado a atual situação nas relações germano-soviéticas."[43] Schulenburg replicou que não podia responder a pergunta de Molotov, mas transmitiria a comunicação a Berlim. De volta à embaixada alemã, Schulenburg (que pensamentos sombrios devem ter passado por sua mente) rascunhou um resumo de sua conversa com Molotov e o telegrafou para Berlim. A chegada da mensagem foi registrada às 2h30 da manhã de 22 de junho – 45 minutos antes de ter início a invasão do Império russo.

Após o relato de outro desertor alemão (que, entre outras coisas, disse aos guardas de fronteira russos que sua unidade recebera ordens de se preparar para cruzar o rio Bug e entrar no território soviético nas próximas horas), Stálin ainda recomendou cautela. Disse que os alemães poderiam ter mandado esse homem para provocá-los. Mas então convocou os generais Timoshenko e

Zhukov ao seu gabinete. Eles e outros membros do Politburo começaram a pressionar Stálin para que ordenasse um alerta militar geral. Notícias mais alarmantes chegavam sobre sabotadores do lado russo da fronteira cortando fios de telefones e de telégrafos militares. Do outro lado da fronteira, os alemães erguiam cercas de arame farpado e juntavam barcos e barcaças prontos a cruzar os rios à sua frente. Finalmente – muito tarde, sob a insistência dos generais –, Stálin e os outros concordaram em expedir uma ordem geral: "Alerta máximo... Um ataque de surpresa dos alemães em 22-23 de junho é possível... O ataque pode começar com ações de provocação. A tarefa de nossas tropas é não reagir a quaisquer ações de provocação capazes de resultar em complicações sérias." (A ordem levou pelo menos mais três horas para atingir os postos de comando – o que novamente foi muito tarde). A linguagem ambígua dessas instruções refletia a ambivalência do próprio Stálin. Por volta das 10h, pela primeira vez, ele deixou escapar uma observação: sim, talvez a guerra comece amanhã. Segundo alguns relatos, todos ou quase todos os membros do Politburo deixaram o Kremlin junto com Stálin por volta das 23h, todos dirigiram-se à sua dacha em Kuntsevo. Segundo Mikoyan, Stálin ainda "continuou nos garantindo que Hitler não começaria a guerra".[44] Segundo Molotov, pode ser que eles tenham assistido a um filme – o que faziam com freqüência – até pouco antes das 2h da manhã. De qualquer forma, Stálin foi para a cama quando eles saíram, por volta das duas, na hora mais escura daquela que era (e seria para ele) a noite mais curta do ano.

parte II O 22 DE JUNHO

4 Berlim

Na manhã de domingo, o povo da Alemanha soube ao acordar que estava em guerra contra a Rússia. Em Berlim, o tempo estava desconfortavelmente quente e úmido. (Em seu diário, Goebbels se queixou das noites de calor – isso foi, é claro, antes do ar condicionado.)

Não é fácil reconstruir as reações do povo alemão. Elas não foram uniformes. Os "estudos dos sentimentos" organizados secretamente pelo gabinete de Heinrich Himmler afirmaram que o povo apoiava a decisão do Führer. Podemos acrescentar que isso ocorreu de modo geral, mas não incondicional. Contemporâneos usaram o termo "choque". Houve alemães conservadores que saudaram a decisão de Hitler de atacar o satânico Estado comunista do Leste (mas essas foram as mesmas pessoas que, em agosto de 1939, não fizeram grandes objeções ao pacto com Stálin, visto por elas como um marco do talento de Hitler como estadista). Outros tenderam a aceitar o pretexto oficial de que o Exército Vermelho estava para atacar a Alemanha. Poucos pareciam se preocupar com a perspectiva de uma guerra em duas frentes ou com as memórias de Napoleão. Os cidadãos de Berlim eram, em geral, mais sofisticados que os outros alemães. Muitos deles deram de ombros, podemos dizer. Não houve muitos sinais de entusiasmo. Mas a confiança nas Forças Armadas continuava forte.

Era diferente no *front*. As memórias de muitos milhares de soldados alemães sobre 21 e 22 de junho de 1941 revelam sua surpresa – em alguns casos, incredulidade – diante da ordem final de marchar: que razão haveria para uma guerra com os "Ivans"? Eles estavam dispostos a nos dar a maior parte do que pudéssemos desejar deles, se não tudo. E, de fato, havia poucos sinais de preparação para a guerra do outro lado, mesmo quando, nas últimas horas de sol do sábado, 21 de junho, as movimentações alemãs se tornaram visíveis e evidentes. Pouco antes da meia-noite, um trem de passageiros dirigindo-se a Berlim passou com estardalhaço pela ponte de fronteira do rio Bug, perto de Brest-Litovsk. Uma hora depois veio um longo trem de carga, carregado de produtos da Rússia para a Alemanha. As duas luzes vermelhas de sua *caboose** foram lentamente se desvanecendo e desapareceram no oeste. Depois veio o silêncio, exceto – e isso é comum a quase todas as memórias – pela verdadeira sinfonia de milhões de sapos coaxando e se lamentando naquela curta noite de verão. Às 3h15 da manhã, mil canhões alemães romperam aquele semi-silêncio e fogos iluminaram o céu antes do amanhecer.

* Vagão especial, usado no final dos trens de carga, onde normalmente o condutor e o guarda-freios preenchiam sua papelada, resolviam problemas mecânicos, preparavam suas refeições e até dormiam. (N.T.)

Em Berlim, Ribbentrop chamou o embaixador russo ao seu gabinete às 4h da manhã. Ambos estavam nervosos. Ribbentrop logo declarou que "a atitude hostil do governo soviético em relação à Alemanha e a séria ameaça que esta via na concentração de russos em sua fronteira Leste tinham forçado o Reich a tomar medidas defensivas". Dekanozov tentou explicar que a análise alemã era "equivocada" e que ele lamentava isso, mas Ribbentrop não o deixou falar. Depois, Dekanozov lhe perguntou: não é um mal-entendido? "Não é um equívoco?" (Uma pergunta, na melhor das hipóteses, não muito digna e, na pior delas, patética.) Ribbentrop também não estava em sua melhor forma. Disse alguma coisa sobre o fato de ele, pessoalmente, lamentar o que estava acontecendo, já que fizera todos os esforços para estabilizar as relações da Alemanha com a Rússia. (Mas o melhor de Ribbentrop nunca fora muito bom – até o fim da vida ele continuou sendo o servidor mais rígido e obtuso de Hitler.)

E agora me permitam, pela última vez, voltar a Hitler e seus propósitos. A explicação ainda mais amplamente aceita é de que seus motivos e propósitos[1] foram, básica e principalmente, ideológicos: essa seria a guerra sempre desejada por Hitler. Muitos historiadores têm usado esse argumento. Alguns alemães chegaram a declarar que até o dia 22 de junho a Alemanha travou "uma guerra européia normal" e depois dessa data isso teria mudado (segundo eles, a guerra de Hitler contra a Inglaterra foi "de importância secundária", como afirmou Andréas Hillgruber). À primeira vista, isso parece convincente – mas as próprias palavras de Hitler são uma prova do contrário. Em 29 de maio, ele disse a Walter Hewel, confidente e membro de seu círculo mais íntimo (e que se matou um dia depois do suicídio de Hitler, em 1945): uma vez derrotada a Rússia, "isso forçará a Inglaterra a procurar a paz. Espero que este ano." Ele conversou com o general Franz Halder, que em 14 de junho registrou em seu diário: Hitler calcula "que o colapso da Rússia vai induzir a Inglaterra a desistir da luta. O principal inimigo ainda é a Grã-Bretanha."[2] Em 21 de junho, ele tornou a conversar longamente com Hewel, que anotou: "O Führer espera muito da campanha na Rússia. ... Ele acha que a Inglaterra acabará tendo que ceder." Depois Hitler ditou sua longa carta a Mussolini, repleta de especulações globais, enfatizando repetidas vezes que a Inglaterra estava à beira da derrota. "A situação da Inglaterra é ruim.... [Eles têm apenas] esperanças. Essas esperanças se baseiam unicamente na premissa: Rússia e Estados Unidos. Não temos chance de eliminar os Estados Unidos. Mas está a nosso alcance eliminar a Rússia."[3]

O que Hitler não contou a Mussolini (ou Goebbels) foi outra decisão, muito importante, que tomou naquele dia fatídico. Ele expediu uma ordem peremptória a todos os navios de guerra e submarinos alemães no Atlântico: evitem, *sob quaisquer circunstâncias* (ele sublinhou essas palavras), atingir navios norte-americanos; nem mesmo reajam se atacados por norte-americanos. Ele queria evitar qualquer incidente ou pretexto que pudesse tornar mais fácil para Roosevelt declarar guerra à Alemanha.[4] Hitler lutava contra toda a esperança, imaginando que fosse possível – improvável, mas possível – evitar que os Estados Unidos entrassem numa guerra verdadeira contra ele. Mas se a Rússia fosse eliminada... Talvez então passasse a ser impossível para Roosevelt e Churchill permanecerem contra a Alemanha.

Talvez precisemos corrigir, ou pelo menos questionar, outra visão amplamente aceita sobre Hitler: de que, consumido por sua megalomania – podem chamá-la de arrogância ou excesso de confiança –, ele não tinha dúvida sobre o poder de seus exércitos de esmagarem a Rússia. Durante todo o mês de junho, os generais alemães, sem exceção, estavam certos de sua capacidade de destruir as Forças Armadas russas. Mas em

21 de junho Himmler disse a Heydrich: "O Führer não está tão otimista como seus assessores militares." Naquele dia ou no anterior, alguém descreveu a Rússia como "uma grande bolha". Hitler ficou imediatamente pensativo. Comentou que a Rússia era mais como um navio em *O holandês voador*. E acrescentou: "O começo de toda guerra é como abrir a porta de um quarto escuro. Nunca se sabe o que se oculta na escuridão."[5] Em 21 de junho, seu ajudante de ordens Nicolaus Below observou que Hitler estava "cada vez mais nervoso e inquieto, falava muito, andava de um lado para o outro, parecia impaciente, esperando alguma coisa." No início da tarde, ele resolveu sair para um breve passeio de carro, o que não era um costume seu. O último amigo que viu naquele dia foi Goebbels. Ele gostava de Goebbels, embora raramente discutisse assuntos militares sérios com ele. Nos dois dias anteriores, eles conversaram e ouviram, entre outras coisas, diferentes orquestrações de fanfarras e escolheram a melhor maneira de harmonizar o som dos trompetes que anunciariam as notícias militares extraordinárias, na rede radiofônica do Grande Reich alemão. Depois discutiram qual seria o horário em que deveria ir ao ar a proclamação de Hitler anunciando a nova guerra. Goebbels e seus amigos tinham acabado de assistir (pela segunda vez) ao filme norte-americano *E o vento levou*, muito admirado por Goebbels. Depois disso, Goebbels recebeu um telefonema de Hitler, chamando-o à Chancelaria. Eles conversaram durante um longo tempo, andando de um lado para outro, na sala de estar de Hitler. Decidiram que a proclamação deveria ser feita na rádio do Grande Reich às 5h30 da manhã seguinte. Goebbels foi embora às 2h30.[6] Isso não era incomum para Hitler, que tinha o hábito de dormir tarde e acordar tarde pela manhã.

5 Moscou

Na manhã de 22 de junho, Hitler teve sua costumeira dose de sono. Stálin não. Ele foi dormir depois dos funcionários do Politburo. Segundo Mikoyan, isso ocorreu por volta das 3h da manhã; segundo Molotov, à 1h. Em torno das 4h, o telefone tocou, era Zhukov. As primeiras bombas alemãs já estavam sendo lançadas sobre grandes e pequenas cidades russas. Tropas, canhões, cavalos e tanques germânicos já estavam no território soviético. Stálin demorou alguns minutos para despertar. Segundo Zhukov, de início ele não falou nada, e sua respiração era pesada. Depois se levantou, se vestiu e mandou que os integrantes do Politburo viessem ao seu escritório no Kremlin para uma reunião. Eles chegaram às 4h30. A maioria se lembrou depois que Stálin estava controlado e pálido. Pelo menos de acordo com Mikoyan, ele ainda murmurou: "Isso pode ser uma provocação de oficiais alemães."

Uma hora antes, o telegrama de Ribbentrop tinha chegado à embaixada alemã, com a declaração de guerra (embora Hitler tivesse evitado esse termo), instruindo Schulenburg a comunicá-lo imediatamente a Molotov. Não levou mais de três ou quatro minutos para que Molotov caminhasse do gabinete de Stálin para o seu próprio. Temos um relato bastante autêntico disso, o último e dramático encontro de Molotov com Schulenburg. A maior parte desse registro está nas memórias de Gustav Hilger, conselheiro de Schulenburg, presente na ocasião. O austero e impassível Molotov estava, pela primeira vez, "lutando visivelmente com uma profunda agitação interior. ... Tinha uma expressão de cansaço e abatimento". Schulenburg leu o texto da nota. Molotov perguntou: "Trata-se de uma declaração de guerra?" "Schulenburg reagiu em silêncio com um gesto que lhe era característico – encolheu os ombros e ergueu as mãos." Molotov disse: "Sem razão alguma [ele enfatizou essas palavras], a Alemanha atacou um país com o qual havia assinado um pacto de amizade e não-agressão. ... Certamente não merecíamos isso."[1] A linguagem de Molotov é reveladora. (Não foi diferente da que Dekanozov usou em Berlim: "Não seria um equívoco?" A versão oficial soviética não inclui a frase de Molotov.) Suas lembranças daquela noite são confusas e freqüentemente imprecisas. Indubitavelmente, ele seguia instruções de Stálin.[2]

Quando desceu a escada, Stálin perguntou: "Então, é uma declaração de guerra?" Molotov fez que sim com a cabeça.

Os outros sugeriram que Stálin falasse ao povo de todas as rússias. Ele se recusou: não, disse, que Molotov faça isso hoje mais tarde.

O povo de Moscou acordou domingo numa manhã muito quente de verão sem saber nada sobre a guerra. Não havia nenhuma notícia nos jornais nem no rádio. A rádio de Moscou começou a transmissão de domingo normalmente, com um programa de ginástica rítmica e a divulgação de notícias de rotina. Os poucos homens e mulheres que sabiam de alguma coisa foram informados por rádios estrangeiras. Quando o chefe de inteligência da NKVD no exterior, Fitin, voltava de carro de sua dacha para Moscou, viu grupos de estudantes marchando e cantando, comemorando sua formatura. Quando chegou ao escritório, foi informado sobre a guerra. Nos últimos dias, ele enviara ao Kremlin vários relatórios de inteligência. Fitin deve ter sido uma das poucas pessoas em Moscou aliviadas. Caso suas advertências anteriores se revelassem falsas, poderia ser demitido, preso ou mesmo executado.

Outra pessoa a sentir alívio foi o russo anônimo que discou o número do telefone da embaixada britânica. Disse que queria falar com um inglês. O porteiro russo chamou um funcionário de segundo escalão à mesa telefônica. Naquele sábado sem movimento, Harold Elvin era o encarregado do prédio. Ele ouviu um russo dizer: "Estamos juntos na luta, penso eu." "Sim, acho que é isso", replicou o inglês. "Eu o cumprimento." "Obrigado. Boa sorte." Mais tarde naquela manhã, Elvin caminhou até a Praça Vermelha e sentou-se num café. "O povo se movia como de costume. Procurei nos rostos alguma mudança de expressão ou emoção. Nada, absolutamente nada." Isso foi uma hora depois de Molotov anunciar a guerra. Outro inglês observou que quase ninguém parou quando os megafones trovejaram o discurso de Molotov. Para onde iam, continuaram indo.[3] O encarregado de negócios britânico, Baggalay, ligou para o Ministério das Relações Exteriores. Foi recebido por Vishinsky. Eles ouviram juntos o discurso de Molotov.

O tom inexpressivo do ministro soviético das Relações Exteriores (e ocasionalmente seu balbucio) não impressionava muito, mas isso não importava. Stálin disse que foi bom, nada mais. Pode ser interessante observar que, naquele dia, Stálin passou mais tempo com Beria do que com Zhukov. Mas no início da tarde, ele expediu uma ordem de mobilização geral. Parece que estava preocupado com o ânimo da população: além de Beria, seu sátrapa da polícia secreta, ele deu ordens a A.S. Shcherbakov, chefe do partido (e da polícia) em Moscou, de garantir a segurança na cidade e inundá-la de agentes. Entre outras medidas, todos os alemães que estivessem na cidade deveriam ser imediatamente presos. Todos os que viram Stálin ou conversaram com ele em 22 de junho o acharam abatido e cansado.[4] Ele saiu cedo do gabinete, antes das 17h, dirigindo-se para Kuntsevo, sem dúvida em busca do sono de que tanto precisava. Voltou ao trabalho no seu gabinete no Kremlin depois das 3h da manhã do dia seguinte.

6 Londres

Como em Moscou, o 22 de junho também foi um dia de sol em Londres, que terminou com uma noite quente. Os jornais de domingo tinham sido impressos antes da invasão. A população britânica tivera notícia da guerra pela BBC. Às 21h, o primeiro-ministro fez um pronunciamento público.

Como Londres era diferente de Moscou e de Berlim naquela época! Podemos contemplar um mundo que não existe mais. Ainda havia rosas nos parques e nas praças; mulheres de vestidos estampados e chapéus de palha com abas largas iam à igreja; carros reluzentes circulavam ao redor de Mayfair; homens e mulheres ainda podiam ser vistos a cavalo, trotando ou galopando, em Richmond Park, com suas belas botas. O metrô de Londres ressoava debaixo das ruas de paralelepípedos. Centenas de prédios tinham sido queimados ou destruídos pelas bombas na City e no East End, mais do que em Berlim. Mas o ânimo era o de um domingo de verão, tranqüilo, sem comoção.

O povo da Grã-Bretanha estava preparado para a notícia repentina da invasão da Rússia pela Alemanha. Havia um elemento de alívio: de repente, outra guerra era iniciada por Hitler; portanto, a Inglaterra não estava mais sozinha. George Orwell escreveu em seu diário: "Conversando com as pessoas na Guarda Civil, incluindo Blimps* e prósperos homens de negócio, vejo que todos são totalmente pró-Rússia, embora muitos estejam divididos sobre a capacidade de resistência dos russos. ... Tudo dito com ignorância, mas isso mostra quais são os sentimentos do povo."[1]

Havia pessoas mais ligadas ao capitão e à alta ponte de comando do navio do Estado que, embora tivessem noção de quão próximo estava o grande ponto de inflexão nas relações entre o Terceiro Reich e a União Soviética, acreditavam que, em vez da guerra, Stálin faria outro acordo com Hitler. Entre esses estavam John Winant, embaixador norte-americano na Grã-Bretanha, e – até certo ponto – Sir Stafford Cripps, que havia voltado de Moscou, abalado pelo tratamento que recebera lá. Por volta de 15 de junho, no entanto, as pessoas mais informadas já tendiam a acreditar que Hitler ia atacar, e logo. Churchill não tinha dúvidas disso. As informações da inteligência e de outras fontes sobre a invasão da Rússia pela Alemanha agora se acumulavam naquele momento e ganhavam consistência.[2] Não que Churchill estivesse particularmente animado. A Operação Battleaxe, primeira ofensiva britânica contra o general Rommel no Norte da África, começou em 15 de junho. Dois dias depois, era óbvio que tinha fra-

* Reacionários caracterizados pela visão ultranacionalista e pela estupidez. O nome vem de um personagem, o coronel Blimp, criado pelo cartunista inglês David Low. (N.T.)

cassado. Por algum tempo, Churchill ficou andando de um lado para o outro nos jardins de Chequers. Mas dormiu bem e voltou ao trabalho com energia e confiança. Precisava lidar, no entanto, com outras questões. Sabia que, nos Estados Unidos, os sentimentos isolacionistas e, inclusive, anticomunistas eram muito difundidos. Poderiam inflamar-se quando e se a Rússia entrasse na guerra. Ele escreveu uma carta a Roosevelt a respeito disso.

Churchill foi para um pequeno chalé em Chartwell, sua casa de campo em Kent. Por vários dias seguidos fez sol, com uma névoa morna, e havia uma profusão de flores. Na sexta-feira, 20, ele foi até Dover para ver um de seus projetos favoritos, um enorme canhão que ocasionalmente lançava projéteis gigantes de um lado do Canal ao outro. No sábado, almoçou na Downing Street, nº 10* e voltou para Chequers. Durante o jantar ele disse: "Haverá um ataque alemão à Rússia e com certeza esta será derrotada."[3] De qualquer maneira, afirmou que faria "todo o possível" para ajudar a Rússia e achava que os Estados Unidos fariam o mesmo. Hitler era um tolo em confiar nas tendências anticomunistas dos povos de língua inglesa, Churchill acreditava. Depois do jantar, ele caminhou no jardim com seu secretário Jock Colville. Lá pronunciou uma frase celebrada desde então. Colville tinha perguntado se sua idéia inflexível de ajudar a União Soviética não significaria que ele, Churchill, estava agora renegando suas convicções morais e suas antigas crenças anticomunistas. Churchill disse que não. "Se Hitler invadisse o Inferno, [ele] estaria disposto, no mínimo, a fazer um agrado ao Diabo!"[4] (Esse é um dos muitos exemplos em que a verve irônica de Churchill marcaria pontos em sua atuação – em vez de prejudicá-la.)

Às 4h da manhã de domingo, 22 de junho, chegaram as primeiras notícias da invasão alemã. Churchill normalmente dava

* Residência oficial dos primeiros-ministros ingleses. (N.T.)

ordem de não ser acordado, a menos no caso de uma invasão da Inglaterra pela Alemanha. Às 7h, Colville circulou por Chequers passando a notícia aos outros convidados. Quando Churchill acordou, poucos minutos antes das 8h, disse a Colville que ligasse para a BBC: naquela noite, ele faria um pronunciamento, pelo rádio, à nação (e ao mundo).

Pode ser de algum interesse seguir Churchill naquele dia ensolarado – mais precisamente, testemunhar algumas expressões de seu espírito. Ele tem sido muitas vezes descrito como um grande líder da guerra, mas também como um supremo oportunista e portanto – para algumas pessoas – um homem de visão limitada, dominado por sua obsessão em destruir Hitler e esmagar a Alemanha. Este não é o lugar para discutir esses temas tão importantes, mas posso assegurar que, no que se refere ao assunto essencial que era a Rússia, Churchill foi surpreendentemente coerente. Em 1940, assim como em 1941 e depois, ele considerou as alternativas de maneira clara e simples: ou toda a Europa seria dominada pela Alemanha (por um longo tempo), ou a parte oriental da Europa seria dominada pela Rússia (provavelmente, não por muito tempo), e metade do continente era melhor do que nada. Ao contrário de muitos críticos, e de muitos alemães, ele nunca foi enganado nem iludido por Stálin, apesar das ocasionais homenagens floreadas que prestou ao soviético durante a guerra. Naquele fatídico domingo de junho, ele disse o que sabia: a grande questão não era o comunismo, era a Rússia. À noite, ele diria isso ao povo britânico e ao mundo. Tomou seu banho quente de praxe, verificou os últimos recados em sua caixa de mensagens, desceu para o café da manhã e às 11h se sentou para escrever o discurso. Trabalhou nele o dia inteiro, terminando poucos minutos antes das 21h, depois que os microfones já estavam montados.

Enquanto isso, os hóspedes desciam de seus quartos enfeitados com papéis de parede floridos ou subiam de carro a pequena estrada de cascalho, interrompendo de vez em quando o trabalho de Churchill, o que em geral não o incomodava. Lá estavam Eden – seu ministro das Relações Exteriores –, o embaixador norte-americano, lorde Beaverbrook, o visconde Cranborne, Sir John Dill, então chefe do Estado-Maior Imperial, Sir Stafford e Lady Cripps; o primeiro-ministro da Nova Zelândia (Peter Fraser) chegou depois. Eden foi conduzido mais cedo para o Ministério das Relações Exteriores, em Londres, que evidentemente estava movimentado naquele dia. Entre outras coisas, pediu que o embaixador da Rússia fosse encontrar-se com ele ao meio-dia.[5] O embaixador John Winant era o único que ainda acreditava que Stálin pudesse chegar a um acordo com Hitler. No almoço, Churchill dominou a conversa, fazendo troça de Cripps, dizendo-lhe que os comunistas e o comunismo estavam entre as formas mais baixas de humanidade. No jantar, que começou tarde, após a transmissão do discurso de Churchill, a discussão prosseguiu, para seu grande prazer. Ele afirmou ter decidido que não haveria um debate no Parlamento sobre a questão da ajuda à Rússia. Colville assistiu às idas e vindas da discussão. "A opinião dos membros do Parlamento era de que a Rússia agora estava em guerra, camponeses inocentes estavam sendo massacrados e deveríamos esquecer o sistema soviético ou o Comintern e estender a mão a seres humanos que estavam sofrendo. A discussão foi extremamente veemente. Nunca passei uma noite mais agradável."[6]

"Ninguém se opôs ao Comintern de modo mais coerente do que eu nos últimos 25 anos. Não vou desdizer uma única palavra que disse a esse respeito. Mas tudo isso se apaga diante do espetáculo que se desenrola neste momento. ... Vejo os soldados russos perfilados na entrada de sua terra natal, vigiando os campos que seus pais têm cultivado desde os tempos imemoriais. Vejo-os vigiando as casas em que suas mães e esposas rezam – ah sim, pois há momentos em que todos rezam – pela segurança de seus entes queridos, pela volta do provedor, de seu paladino, seu defensor. ... Devo declarar a decisão do governo de Sua Majestade ... pois devemos falar em voz alta e imediatamente, sem um dia de demora. Preciso fazer a declaração, mas vocês têm dúvida de qual será nossa política? Temos um só alvo e um único e irrevogável propósito. Estamos decididos a destruir Hitler e qualquer vestígio do regime nazista. Disso nada nos afastará – nada. ... Todo homem ou Estado que lutar contra o nazismo terá nossa ajuda. ... Devemos, portanto, dar o auxílio que pudermos à Rússia e ao povo russo." Assim Churchill falou ao mundo no cair da noite, em Londres, no dia 22 de junho.[7]

7 Washington – e ao redor do mundo

A notícia do 22 de junho espalhou-se pela Eurásia. Nos Estados Unidos, chegou na noite anterior, pouco antes da meia-noite no Leste, mais cedo no Meio-Oeste e no Oeste. Mas a maioria dos jornais de domingo já estava impressa; não havia chance de alterar as primeiras edições, exceto uma ou outra. Os leitores e comentaristas das grandes redes de rádio transmitiram a notícia, incluindo jornalistas norte-americanos que estavam em Londres e até em Berlim. O presidente Roosevelt estava preparado para isso. No sábado, 21 de junho, tivera um dia bastante sossegado. A princesa da Coroa Martha da Noruega, uma bela mulher que ele admirava muito, fora à Casa Branca naquela tarde, e eles caminharam juntos por mais de duas horas. Depois houve um jantar excepcionalmente longo (nem os jantares nem os cardápios eram longos durante o mandato de Roosevelt), incluindo a princesa, o filho de Roosevelt, Elliot, e outros convidados, alguns dos quais ficaram para dormir. Não há registro de conversas, que decerto devem ter incluído alguma coisa sobre a Rússia. Durante o jantar, pouco antes das 22h, ocorreu um episódio comovente. A secretária favorita do presidente, Missy Le Hand, teve um mal súbito, deixou a mesa de jantar e foi enviada ao Doctor's Hospital. Os outros convidados foram embora cerca de meia hora depois. Parece que a declaração de guerra de Hitler não chegou ao presidente antes da manhã do dia seguinte, já que, na hora de sua transmissão em Berlim, era quase meia-noite em Washington, onde Roosevelt (diferentemente de Hitler, Stálin e Churchill) tinha o hábito de ir para a cama cedo.

Uma semana antes, Churchill lhe enviara uma carta. Um de seus cinco parágrafos (o mais longo) tratava da Rússia. "Segundo todas as fontes à minha disposição, incluindo algumas das mais fidedignas, parece que uma ampla investida alemã contra a Rússia é iminente. ... Se irromper essa guerra, devemos evidentemente dar aos russos todo estímulo e apoio que pudermos, seguindo o princípio de que Hitler é o inimigo que devemos derrotar. Não espero que haja nenhuma espécie de reação política aqui e acredito que o conflito russo-germânico não lhe causará nenhum embaraço."

Churchill sabia o que estava escrevendo. Não havia divisão na mente de Roosevelt, nem conselheiros divididos à sua volta – mas havia uma divisão entre o povo norte-americano. Salvo por uma influente minoria, eles não queriam que seu país se envolvesse numa guerra européia, muito embora a maioria não gostasse de Hitler. Os chamados "isolacionistas", um termo impreciso, eram outra minoria. Em 1941 e anteriormente, os isolacionistas incluíam não apenas os nacionalistas, mas também os pacifistas e até alguns socialistas. Mas o isolacionismo norte-americano nunca foi consistente: em sua maioria, os isolacionistas engajados que se opunham abertamente à intervenção norte-americana contra a Alemanha de Hitler, cinco anos mais tarde, se tornaram francos defensores de uma agressiva intervenção contra a União Soviética. A principal característica dos "isolacionistas" em 1939 e 1940 era a desconfiança em relação à França e à Grã-Bretanha. Em junho de 1941 e imediatamente depois, eram marcados pelo ódio que nutriam pela União Soviética. Muitos deles (embora não todos) eram republicanos. Como em outros lugares do mundo, o anticomunismo nos Estados Unidos era um sentimento poderoso. Há incontáveis exemplos disso. Em 23 de junho, o comitê America First declarou: "A entrada da Rússia comunista na guerra deveria encerrar de uma vez por todas a questão da intervenção dos Estados Unidos. Dificilmente o partido da guerra poderá pedir ao povo norte-americano que pegue em armas em apoio à bandeira vermelha." Poucos dias depois, o ex-presidente Herbert Hoover declarou: "Agora nos vemos prometendo ajuda a Stálin e sua conspiração militante contra todos os ideais democráticos do mundo. ... Se formos adiante e entrarmos na guerra e vencermos, então teremos vencido por Stálin; pelas garras do comunismo na Rússia, e por mais oportunidades de que ele se espalhe pelo mundo."[1] Em suma, o comunismo era pior; mais ainda, era mais perigoso que o nacional-socialismo. (O senador Robert A. Taft disse isso poucos dias antes de Pearl Harbor, quando os alemães estavam a 25 quilômetros de Moscou.) Não era algo que estava muito de acordo com o que a opinião pública norte-americana, seus representantes e propagadores pensavam e diziam em 22 de junho e depois. Mas era um fator que Roosevelt tinha de considerar.

Ele foi cauteloso, como quase sempre. Diferentemente de Churchill, Roosevelt não fez um pronunciamento em 22 de junho nem por muitos dias depois. (O então subsecretário de Estado, Sumner Welles, fez uma declaração que concordava em grande parte com as palavras de Churchill). Hitler (sempre descrito como ignorante em relação aos Estados Unidos e aos norte-americanos) sabia disso – daí sua ordem de não devolver o fogo norte-americano no mar, mesmo em circunstâncias extremas. Hitler esperava que a guerra contra a Rússia comunista pudesse gerar conseqüências em seu favor. Houve alguns fatos nesse sentido após 22 de junho, mas não o bastante. Uns poucos – mas bem poucos – bispos e periódicos católicos de todo o mundo saudaram essa "cruzada" alemã. Em 23 de junho, uma turba espanhola, organizada pelo governo de Franco, fez uma manifestação e tentou atacar a embaixada britânica em Madri, gritando "Gibraltar"! Em breve, Franco ofereceria e enviaria a Hitler uma divisão voluntária. Mas o papa Pio XII, temeroso do comunismo desde suas experiências em Munique em 1919, permaneceu em silêncio, da mesma forma que todos os funcionários que faziam parte do corpo diplomático e burocrático do Vaticano. O 22 de junho foi um domingo sem movimento em Roma. Mussolini tinha ido para o litoral tomar banho de mar e nadar.

Por toda a Europa ocupada pela Alemanha, homens e mulheres se regozijaram com a notícia. Agora talvez Hitler estivesse se metendo com um grande problema, pensavam e diziam. Sentimentos semelhantes, embora não inequívocos, eram comuns entre os poloneses, apesar de seus temores e ódios, ancestrais e modernos, em relação à Rússia e aos russos. Os judeus ameaçados e torturados de toda a Europa ficaram alegres, ainda sem conhecer o destino terrível que os aguardava em breve. Por outro lado, finlandeses e romenos, que tinham sido atacados pela Rússia apenas um ano antes, saudaram a invasão alemã. Atrás dos russos em retirada – ouvindo o rugido em movimento dos blindados, canhões e aviões alemães –, muitos lituanos, letões, estonianos e ucranianos estavam prontos para aclamar os germânicos como libertadores. Mas agora estamos avançando demais na nossa história.

Não há necessidade de usar mais que algumas sentenças sobre os comunistas de todo o mundo naquele dia. Eles haviam aceitado – muitos deles, é verdade, com um gosto amargo na boca e no estômago – o pacto de Stálin com Hitler em 1939. Em 22 de junho, eles também se viram instantaneamente aliviados de suas agonias – se é que foram realmente agonias. Stálin era agora o salvador, quem sabe o salvador da humanidade.

parte III CONSEQÜÊNCIAS INDESEJADAS

8 A CRISE IMEDIATA

Em 22 de junho – como, de fato, nas semanas anteriores e posteriores àquele dia fatídico –, os melhores especialistas militares do mundo todo previram a derrota da União Soviética em poucas semanas, ou dentro de dois meses no máximo. Essas estimativas eram mais ou menos as mesmas nos dois lados do conflito. Quatro a seis semanas, previam generais e chefes de inteligência; seis ou oito semanas, estimavam outros – era o que levaria para que os exércitos do Terceiro Reich destruíssem as Forças Armadas da União Soviética e conquistassem a Rússia européia. Essas previsões não eram exageradas. Tinham por base o desempenho lamentável do Exército russo contra os finlandeses durante a Guerra do Inverno; as evidências, não menos consideráveis, de mutilação e desordem nos altos escalões militares russos devido aos expurgos promovidos por Stálin; a prova circunstancial, mas reveladora, de como Stálin e Molotov, e presumivelmente outros líderes russos, fizeram o melhor – ou talvez o pior – possível para agradar Hitler e assim evitar a guerra; e por fim, mas não menos importante, o respeito mais que notável pela capacidade e habilidade das tropas alemãs nessa guerra. Estranhamente – ou talvez nem tanto –, essas eram as opiniões dos homens que viviam em Moscou e conheciam muito bem a situação soviética. Assim pensava, por exemplo, Laurence Steinhardt, embaixador norte-americano em Moscou –, enquanto seu insípido e freqüentemente tolo antecessor, Joseph Davies, tentava convencer (com sucesso) Franklin Roosevelt de que a Rússia resistiria e mais cedo ou mais tarde iria vencer. Já em meados de agosto, outro ex-embaixador norte-americano em Moscou, o inteligente e perspicaz William C. Bullitt, declarou na Filadélfia à Legião Americana: "Não conheço um homem em Washington que acredite que a União Soviética possa derrotar o Exército alemão." Em 23 de junho, o então secretário da Guerra, Henry Stimson, relatou a Roosevelt o consenso do Estado-Maior norte-americano: "A Alemanha ficará profundamente ocupada em vencer a Rússia por no mínimo um mês e no máximo, possivelmente, por três meses."

E era isso, de modo geral, que Churchill também esperava: na melhor das hipóteses, um grande sopro de alívio temporário para a Grã-Bretanha. Ele não começou a mudar de opinião em relação às perspectivas da Rússia até por volta do fim de outubro. Seu grande adversário, em Berlim, deixara-se levar por um avanço inesperadamente rápido de seus exércitos durante a primeira semana da guerra. Em 28 de junho, Hitler fez uma observação a uma de suas secretárias, Frau Schroeder: "Em quatro semanas estaremos em Moscou. A cidade será totalmente arrasada."

Este livro não é uma história militar da guerra russo-germânica, nem mesmo de seus primeiros meses. Entretanto, devo resumir alguma coisa sobre o impacto imediato do 22 de junho. O Exército alemão infiltrado na Rússia chegava a mais de 3 milhões de homens, mais de 3 mil blindados, 600 mil veículos motorizados, mais de 10 mil cavalos, mais de 7 mil armas; sobre eles voavam e atrás deles estavam preparados mais de 2 mil aviões. São números formidáveis, embora não necessariamente precisos, já que nem todos esses homens e máquinas entraram imediatamente em ação. Por outro lado, eles eram reabastecidos diariamente. Para os nossos propósitos, é mais reveladora a falta de preparação da Rússia logo no início. É evidente que Stálin foi amplamente responsável por isso. Mas devemos considerar também que sua relutância em se preparar plenamente para a guerra tinha algo a ver com seu conhecimento da organização precária do Exército soviético. Isso não deve livrá-lo da responsabilidade. Só suas ordens de não reagir aos aviões alemães em missões fotográficas sobre o Oeste da União Soviética permitiram que a Luftwaffe de Göring* destruísse mais de 1.200 aviões russos parados em seus campos de pouso no primeiro dia da guerra. Também no solo, os pontas de lança alemães avançavam velozmente, às vezes sem qualquer resistência efetiva da multidão de soldados russos, que estavam não apenas despreparados, mas surpresos com o caráter repentino dessa guerra. Uma exceção foi a corajosa defesa, pelos russos, da antiga cidadela de Brest, contra a qual os alemães investiram tropas motorizadas. A falta de preparo e a reação fraca dos russos ficaram especialmente evidentes no centro do front, envolvendo o Quarto Exército da

* Hermann Wilhelm Göring, ex-ministro da Aeronáutica de Hitler. (N.E.)

Rússia. Não era nada que lembrasse a tradicional prática russa de retirada cautelosa, calculada, astuciosa. Em vez disso, houve sinais de pânico e uma – por algum tempo crescente – falta de comunicação quando os alemães alcançaram e invadiram Minsk, a mais de 300 quilômetros do ponto de partida deles na fronteira, após seis dias de combates eventuais.

Vimos que, em 22 de junho, Stálin recusou discursar para os povos da União Soviética. Segundo Mikoyan, ele disse: "Que posso dizer às pessoas?" Nos dias seguintes, ele se encontrou mais vezes com Molotov do que com qualquer outra pessoa. Ordenou a convocação de todos os homens com idade entre 22 e 36 anos. No dia 23, decidiu formar o Stavka (outro nome dos tempos czaristas), o Supremo Comando Geral, composto por três generais, um almirante, Molotov, Voroshilov e ele próprio como chefe e comandante supremo. As primeiras instruções, dele e do órgão, foram verborrágicas e freqüentemente irracionais, se não destituídas de sentido. Mas os relatos do front eram então confusos e desordenados. Pode ser significativo que ele tenha dedicado uma atenção extraordinária à partida da embaixada alemã, comandada por Schulenburg. No dia 23 de junho, uma segunda-feira, ele instruiu seu intérprete pessoal e designou um oficial especial para uma visita a Schulenburg, com o intuito de verificar se ele tinha alguma solicitação particular. Quando, duas semanas depois, a caminho da Alemanha pela Turquia, Schulenburg se encontrou com Franz von Papen, embaixador alemão naquele país, afirmou acreditar que mesmo naquele momento Stálin ainda podia estar esperando por "algum tipo de acordo tácito com Hitler", que não chegou a acontecer. Mas a esperança de evitar a guerra ainda estava presente na mente de Stálin, assim como nas de alguns integrantes do Politburo, especialmente na medida em que o ataque alemão ao interior da União Soviética progredia a um ritmo incrivelmente rápido e parecia talvez irreversível.

Chegamos aqui a um episódio importante. Freqüentemente, o chefe da polícia secreta é a pessoa que sabe mais do que qualquer outra sobre os perigos mortais que confrontam o Estado – dessa forma, tende a agir por conta própria. Foi assim com Joseph Fouché, na França, em 1814; foi também o que Himmler tentou fazer em algumas ocasiões, em 1944 e 1945, com ou sem a aprovação de Hitler. Apesar das opiniões pessoais e diretrizes de Stálin, no início de junho, Beria se convenceu de que a invasão alemã estava para acontecer.[1] Há provas reveladoras (mas também, até certo ponto, questionáveis) de que, cinco dias após a invasão alemã, Beria tomou providências para sondar os alemães sobre uma possível rendição russa em troca da suspensão da guerra por Hitler. Ordenou que um de seus homens, sob juramento de absoluto segredo, tentasse estabelecer contato com Berlim. O intermediário seria Ivan Todorov Stamenov, o ministro búlgaro em Moscou. (A Bulgária era o único país ligado por um pacto à Alemanha que não declarou guerra à Rússia; Hitler, ciente dos antigos laços entre os dois países, não exigira isso; e, de acordo com a prática diplomática internacional, a Bulgária deveria representar o restante dos interesses alemães em Moscou após a ruptura das relações russo-germânicas.) Parece que Beria instruiu pessoalmente seu agente (Pavel Sudoplatov), caminhando de um lado para o outro na rua, em frente ao apartamento dele. Sudoplatov se encontraria com Stamenov no restaurante preferido de Beria e proporia a rendição dos Estados bálticos e da Ucrânia, se a Alemanha interrompesse o avanço de seus exércitos. O encontro ocorreu durante o almoço, quando Stamenov teria dito a Sudoplatov que não haveria sentido em relatar isso para Sófia e conseqüentemente para Berlim, pois os alemães acabariam se perdendo na Rússia mesmo que fizessem o Exército russo recuar até os Urais. Parece que Beria (e provavelmente outros também) estavam imaginando um gesto desesperado que repetisse Brest-Litovsk, onde, no início de 1918, Lênin concordou com uma ampla ocupação, pela Alemanha, da porção ocidental do antigo Império Russo, a fim de garantir o domínio bolchevique no restante. Não podemos garantir que Stálin (e Molotov) soubesse da tentativa de Beria de recrutar Stamenov. Mas não se pode duvidar de que a potencial consideração de um Brest-Litovsk também tivesse lugar em suas mentes.[2]

•••

"Nêmesis", escreveu Churchill, personifica a deusa da vingança. "A guerra é principalmente um catálogo de disparates, mas é de duvidar que algum equívoco na história tenha se igualado àquele de que Stálin e os chefes comunistas são culpados quando ... esperaram passivamente, ou foram incapazes de perceber, a terrível investida que ameaçava a Rússia. ... A força, a grandeza, a bravura e a resistência da Mãe Rússia ainda estavam por ser avaliadas. Mas, na medida em que a estratégia, a política, a antevisão e a competência sejam os árbitros, Stálin e seus comissários se mostraram nesse momento os maiores e mais completos incompetentes da Segunda Guerra Mundial."[3] Sessenta e cinco anos após 1941, e mais de 55 depois de Churchill ter escrito essa frase, suas palavras soam adequadas e corretas. E assim podemos questionar se tudo terminaria de maneira diferente se Stálin e as Forças Armadas russas estivessem prontos para enfrentar os alemães em junho de 1941, ou mesmo antes. Talvez "a força da Mãe Rússia" tivesse sido avaliada muito cedo? Não podemos dizer.

O que podemos dizer é que Stálin, de inteligência realmente considerável, era (diferentemente de Hitler ou Churchill) um homem de reações lentas. (Após o suicídio de sua mulher, em 1932, levou cerca de uma semana para que ele sofresse um colapso mental.) Em 1941, o pleno impacto da derrota iminente e do colapso que se aproximava não se abateu sobre ele no dia 22, mas no sábado seguinte, 28, quando foi informado que os alemães estavam em Minsk e quando as comunicações com o front central tinham saído temporariamente de controle, interrompidas esporadicamente. Naquela noite, em seu gabinete no Kremlin, houve uma séria discussão entre ele e os generais Zhukov e Timoshenko. Tanto Mikoyan quanto Molotov, homens muito diferentes, lembram-se que Stálin ficou subitamente muito deprimido. Depois das 22h, ele resolveu sair do escritório e ordenou que alguns de seus lacaios o acompanhassem a Kuntsevo. Ao descer as escadas, sua voz se elevou. "Tudo está perdido. Desisto. O que Lênin fundou, nós f-------s." Ele repetiu a frase. "Nós f------s ou c--------s tudo."[4] Não é preciso analisar esses palavrões, acessos de um czar camponês.

Molotov, Mikoyan, Malenkov e companhia imaginaram por um momento que seu líder falava desse modo para assustá-los e causar-lhes algum efeito. Mas não foi bem assim. Nos dois dias subseqüentes, Stálin se trancou em sua dacha de Kuntsevo, fechando-se para o mundo. Não voltou ao Kremlin no dia seguinte nem dois dias depois. E o que era mais preocupante: não era possível fazer contato com ele. Uma ou duas vezes seu secretário atendeu aos telefonemas de forma grosseira, dizendo que não sabia nem poderia dizer onde Stálin estava. Dois dias e duas noites se passaram. Tarde da noite de segunda-feira, 30 de junho, os integrantes do Politburo resolveram, nervosamente, ir de carro até a dacha, convidados ou não. Encontraram Stálin transtornado: "Por que vocês vieram?" Ele imaginou – ou pelo menos pareceu – que tivessem ido lá para depô-lo e prendê-lo. Mas não, estavam com mais medo do que ele. Houve um diálogo curto e desconexo. Pelo menos dois deles lhe pediram para "voltar ao trabalho". Stálin se virou para eles e perguntou, ou melhor, pensou em voz alta: sim, mas "será que sou capaz de corresponder às expectativas do povo? Será que consigo conduzir o país à vitória final? Pode haver candidatos mais dignos." Não, disseram eles – a liderança deve ser sua.

Então ele se recobrou do colapso. Na manhã seguinte, retornou ao gabinete no Kremlin. Começou a reorganizar os postos de comando, militares e civis e a planejar seu discurso à nação, pronunciado dois dias depois, em 3 de julho. Não usou as costumeiras palavras e expressões comunistas. O discurso, mesmo em voz baixa, teve efeitos instantâneos: os russos e os outros povos da União Soviética responderam ao que pareceu um chamado patriótico, feito por seu líder. Era o primeiro encorajamento claro e forte que ouviam desde o começo da guerra, mais de dez dias antes. A crise imediata havia terminado, enquanto prosseguia o arraso das tropas russas ao longo das frentes fragilizadas.

•••

Façamos uma pausa por um momento. Exatamente 13 meses antes daquele 28 de junho em Moscou, em 28 de maio, em Londres, Winston Churchill tomou – ou, mais precisamente, elaborou – sua grande decisão histórica. Tal como Stálin e a Rússia em 1941, ele e a Inglaterra enfrentavam, em maio de 1941, um desastre após o outro. Seu único exército estava cercado em Dunquerque. Mas Churchill declarou ao seu gabinete: "Evidentemente, aconteça o que acontecer em Dunquerque, continuaremos lutando." Diferentemente da Rússia em 1941, a Inglaterra em 1940 poderia ter recebido uma oferta de paz de Hitler. Ele não destruiria o Império britânico. O que ele queria da Grã-Bretanha era o reconhecimento de seu domínio total sobre a Europa e que parasse de resistir à Alemanha. Mas Churchill não consideraria isso nem por um instante – sabia que significaria transformar a Inglaterra num parceiro subalterno da Alemanha, se não em "um Estado escravo". Em 1940, Churchill fez frente a Hitler. Ele era o homem que constituía o único obstáculo à vitória nazista na Segunda Guerra Mundial. Em 1941, Stálin não estava sozinho, estava prestes a se tornar parceiro de Churchill e Roosevelt. No entanto, se Hitler tivesse detido seus exércitos em 1941, Stálin poderia se dispor a se tornar parceiro subalterno do Führer, na verdade, a lhe entregar partes de seu Império, se necessário; e o resto da Europa que fosse para o inferno. Hitler sabia disso. Mas imaginava que seus exércitos pudessem conquistar a Rússia. Em 1940, ele não estava certo de que pudesse conquistar a Inglaterra. Naquele momento, era Churchill, não Stálin, o obstáculo a seu triunfo total. Por causa disso, ele odiava Churchill e depois passou a odiar furiosamente os ingleses, até o fim. Ele não odiava Stálin. Quando a invasão da Rússia entrou no atoleiro, ele o respeitou, até disse que gostava dele. Essa é a ironia da história – ou melhor, a alquimia da mente humana.

9 Conseqüências indesejadas

Cerca de 24 horas antes do discurso histórico de Stálin, aconteceu algo em Tóquio que foi quase tão decisivo, tão importante quanto a invasão da União Soviética por Hitler em 22 de junho: uma conferência secreta (um conselho da Coroa) no palácio do imperador Hiroito. A reunião durou, segundo uma fonte, quase 16 horas. O Japão imperial tinha uma opção. Sua chance, tal como na Primeira Guerra Mundial, era avançar pelo Extremo Oriente enquanto as grandes potências européias se despedaçavam mutuamente do outro lado do planeta. Mas, diferentemente da Primeira Guerra Mundial, agora tudo era mais complicado pelo crescente envolvimento bélico do Japão com os Estados Unidos no Pacífico. Apesar de todas as informações anteriores de que dispunham sobre a iminente guerra entre Alemanha e Rússia, o governo japonês dedicava menos atenção a isso do que ao problema de suas relações com os EUA. Houve então uma mudança. O ministro das Relações Exteriores, Matsuoka, afirmou que o Japão deveria atacar imediatamente a União Soviética e invadir a parte russa do Extremo Oriente, à medida que a Alemanha atacava a Rússia européia. Ele chegou a pedir uma audiência especial com o imperador antes mesmo do conselho da Coroa; queria defender sua proposta de uma guerra do Japão contra a União Soviética. Isso vindo de um homem que menos de três meses antes assinara um tratado de não-agressão com Stálin, que brindara copiosamente a sua saúde numa alegre cerimônia no Kremlin e que freqüentemente falava da virtude, supostamente singular, do *bushido*, o cavalheirismo japonês. Mas não importa: no dia 2 de julho de 1941, Matsuoka perdeu. Os conferencistas discutiram as três alternativas que o Japão tinha: 1) deslocar-se para o Sul e preparar-se para uma guerra com a Grã-Bretanha e os Estados Unidos; 2) deslocar-se para o Oeste e atacar imediatamente a União Soviética; 3) não se deslocar para o Leste ainda, reduzindo a possibilidade de uma guerra desse tipo mediante negociações com os Estados Unidos. Eles descartaram a opção 2 e escolheram a 1, parcial e temporariamente atenuada pela 3. Isso acabou levando a Pearl Harbor e à destruição do Império japonês. Foi a pior decisão. Permitiu, entre outras coisas, que Roosevelt finalmente entrasse na guerra não apenas contra o Japão, mas também contra a Alemanha. Isso ocorreu em dezembro de 1941, no exato momento em que, do outro lado do planeta, diante de Moscou, os russos derrotavam os alemães pela primeira vez.

É impossível calcular o que aconteceria se os japoneses tivessem atacado a União Soviética pelo Leste, forçando Stálin a enfrentar uma guerra em duas frentes. O que sabemos é da existência de informações que Stálin dessa vez levaria a sério. O principal agente russo em Tóquio, Richard Sorge, realizou para Moscou um serviço ainda mais importante do que suas advertências precisas, mas descartadas durante as semanas que precederam o 22 de junho. Sorge foi descoberto e preso em Tóquio em outubro, mas o resultado foi a transferência e o transporte de um número considerável de soldados russos da região de fronteira no Extremo Oriente para a frente russo-européia. Historiadores e outros autores têm desde então tido como certo que essa movimentação maciça foi o fator decisivo que salvou Moscou em dezembro de 1941. Quer tenha sido ou não a mudança crucial na luta no front central, foi um elemento importante na balança militar. De qualquer forma, os três estadistas, Stálin, Churchill e Roosevelt, se beneficiaram da decisão japonesa de se deslocar para o Sul e não para o Oeste. Vimos que, desde junho de 1941, Roosevelt, diferentemente de Churchill, pouco ou nada dissera em público sobre sua decisão de apoiar a Rússia, pois sabia que havia nos Estados Unidos uma oposição concreta e potencial a uma declaração desse tipo, oposição essa que se tornou subitamente silenciosa depois que Pearl Harbor foi – temporariamente – destruído. De qualquer maneira, a decisão dos japoneses de não atacar a União Soviética salvou Roosevelt de um dilema. Se o Japão atacasse a Rússia no Extremo Oriente, há toda razão para acreditar que Roosevelt faria alguns movimentos de ameaça contra os japoneses no Pacífico norte, mas é pouco provável que isso fosse suficiente para que pedisse uma declaração de guerra. Em Ialta, em 1945, Stálin e ele dividiram entre si grande parte do Extremo Oriente.[1] Veio então a derrota total do Japão. No entanto, alguns anos depois, parecia que o maior beneficiário da Segunda Guerra Mundial (e da posterior Guerra da Coréia) no Extremo Oriente não foram os Estados Unidos, muito menos a Rússia, mas a China – realmente, uma conseqüência indesejada.

•••

O sentimento e a ideologia do anticomunismo eram o problema de Roosevelt nos Estados Unidos. Hitler sabia disso. Também tinha esperança de que o anticomunismo, que lhe facilitara obter apoio tanto dentro da Alemanha como no exterior, o ajudaria a conseguir aliados para sua guerra contra a União Soviética. Isso de fato aconteceu, mas num grau inferior a suas expectativas. Romênia e Eslováquia, satélites da Alemanha, declararam guerra à Rússia instantaneamente, assim como, alguns dias depois, a Itália de Mussolini, a Finlândia e a Hungria[2]. Franco enviou toda uma divisão para lutar do lado alemão. No entanto, embora a idéia de uma cruzada anticomunista liderada pela Alemanha tivesse acendido algumas faíscas, não chegou a se tornar um rastilho de pólvora. Um grande exemplo das simpatias seletivas é o sermão, posteriormente famoso, do arcebispo (depois cardeal) católico de Münster, conde Clemens von Galen, que no início de agosto de 1941 declarou publicamente um anátema à prática nacional-socialista de matar os aleijados e os loucos – mas no mesmo sermão aplaudiu a decisão do Führer de invadir a Rússia e empreender uma cruzada contra o comunismo ateu. (Hitler entendeu isso: ordenou que não se tomassem medidas contra Von Galen naquele momento; com efeito, mandou que se reinstalassem os crucifixos nas salas de aula da Baviera, de onde haviam sido removidos pelo excesso de zelo de um gauleiter pró-cônsul do líder nazista.)

Talvez as conseqüências mais terríveis do 22 de junho tenham sido as que envolveram o assassinato em massa dos judeus que viviam na Europa e nas províncias da União Soviética dominadas pelos alemães. Antes de junho de 1941, o governo do Terceiro Reich havia planejado e executado muitas medidas pavorosas, em alguns casos assassinas, contra os judeus tanto na

Alemanha quanto no exterior. Mas antes, a principal política do regime hitlerista era a expulsão (ou segregação), e não – ainda – o extermínio de judeus. Não há um só documento, nenhuma instrução escrita ou verbal de Hitler, exigindo uma mudança dessa política para o extermínio físico dos judeus. Mas a maioria dos pesquisadores sérios aponta que tal mudança ocorreu no máximo em setembro de 1941 – ou seja, logo após a invasão da União Soviética pela Alemanha. Foi então que a maior população judaica do mundo, os milhões de judeus do Leste da Polônia, da Ucrânia, da Bielorrússia, da Lituânia, da Letônia, da Bessarábia e da Bukovina, caiu sob o domínio germânico. Segundo a mentalidade nacional-socialista, eles eram, por natureza, inimigos se não reais pelo menos potenciais do Terceiro Reich. Tinham de ser liquidados, junto aos outros judeus remanescentes na Alemanha ou em toda a Europa. Com efeito, os primeiros assassinatos em massa de judeus foram ordenados e executados em julho e agosto de 1941, bem antes da Conferência de Wannsee, realizada em janeiro de 1942, e que mais tarde se tornaria tristemente famosa por ter decretado, planejado e iniciado o extermínio de judeus de toda a Europa e do Oeste da União Soviética.

Talvez valha a pena observar que essa conferência de alto nível foi convocada primeiro para 8 de dezembro de 1941 (um dia depois de Pearl Harbor) e em seguida adiada por seis semanas. Antes disso, os judeus da Rússia e de toda a Europa, ameaçados e humilhados, respiraram aliviados com as notícias de que a Rússia, em 22 de junho, e depois os Estados Unidos, em dezembro, haviam entrado na guerra. Que esses dois eventos, considerados auspiciosos, fossem seguidos do Holocausto deles próprios e de seus parentes foi uma conseqüência que eles não podiam saber ou mesmo imaginar.

•••

Devemos agora mudar nosso foco de atenção do que pode ter sido indesejado para o que foi inesperado – em 22 de junho e por algum tempo depois disso. Refiro-me à capacidade de luta dos russos. Suas tropas iam de derrota em derrota, mas não entraram em colapso. Stálin também não sofreu um abalo, mas teve muitos dias e noites de terrível desespero. Por vezes, tentou se agarrar às coisas mais estranhas. Em 3 de setembro, enviou uma mensagem a Churchill. A União Soviética estava "em perigo mortal". Os britânicos deviam invadir a França ou os Bálcãs e dar à Rússia "uma ajuda mensal mínima de 400 aeroplanos e 500 tanques". Dez dias depois, ele pediu a Churchill que lhe enviasse 25 ou 30 divisões britânicas (por Archangel ou pela Pérsia) para lutarem ao lado dos russos. Churchill lhe respondeu que isso era impossível. Não tinha navios nem soldados extras. Tudo que podia prometer eram mais carregamentos de armas, mais bombardeios britânicos sobre a Alemanha e talvez um desembarque britânico no Norte da Noruega. Ele devia considerar a rendição da Rússia diante de Hitler pelo menos como uma possibilidade. Mas durante aquele outono gelado e sombrio de 1941, esse perigo passava lentamente, às vezes de modo quase imperceptível. E então, no final da primeira semana de dezembro, ocorreu uma grande mudança, quase simultânea, no Pacífico e nos arredores de Moscou.

Quase instantaneamente mudaram as relações entre as grandes potências em guerra. Depois dessa inesperada virada militar no curso da guerra, vieram suas conseqüências indesejadas. Logo Stálin passaria a depender menos da Grã-Bretanha e dos Estados Unidos do que estes dele. Churchill percebeu isso claramente. Sabia que tipo de gente eram Stálin e os russos. Mas também sabia que sem eles os aliados não poderiam vencer a Alemanha de Hitler nem ganhar a guerra.[3] O temor de que Stálin ainda pudesse fazer um acordo com Hitler o assombrou até o final da guerra. Isso explica muitos dos compromissos e concessões infelizes que fez a Stálin durante todo o conflito. Também explica o extremo cuidado na escolha das palavras que usava para elogiar Stálin ocasionalmente. (Não eram nem calculistas nem totalmente mentirosas; ele passara a ver em Stálin um estadista e grande líder da guerra.)

Estamos, no entanto, ultrapassando o escopo deste livro, cujas principais figuras são Hitler e Stálin. Sim, o domínio alemão sobre o Leste da Europa, incluindo a conquista de pelo menos algumas partes da Rússia oriental, era o que Hitler sempre desejou. De qualquer forma, seu principal oponente, tanto antes como depois de junho de 1941, não era Stálin, mas Churchill, ao menos por algum tempo. Já vimos esse argumento antes de 22 de junho, de que "quando a Rússia for derrotada, isso vai forçar a Inglaterra a buscar a paz". E ele continuou com esse argumento depois de 22 de junho. Em 18 de agosto, disse ao marechal-de-campo Wilhelm Keitel: "O principal objetivo do Reich é a derrota da Grã-Bretanha." Em 22 de agosto, o general Franz Halder anotou em seu diário: o propósito de Hitler é "finalmente eliminar a Rússia como potência aliada da Inglaterra no continente e portanto privar esta última de qualquer esperança de mudar sua sorte". Ao almirante Kurt Fricke, Hitler afirmou em 28 de outubro: "A queda de Moscou pode até obrigar a Inglaterra a fazer a paz de uma vez."[4] Não devemos descartar a possibilidade de que, ao dizer isso aos seus líderes militares, a intenção de Hitler fosse impressioná-los com as razões de entrar em guerra contra Rússia, já que pelo menos alguns deles tinham dúvidas sobre a conveniência de um conflito em duas frentes. Mas ele não falava assim apenas para militares. E, como já disse anteriormente, os motivos e propósitos de Hitler não eram simples, eram complexos.[5]

Mesmo antes de Moscou e Pearl Harbor, há uma prova impressionante do poder de previsão de Hitler; ou, em outros termos, da sua mudança de idéia. Em 19 de novembro, ele fez a seguinte observação ao general Halder, em seu quartel-general: "O reconhecimento, por duas coalizões adversárias, de que não podem aniquilar-se leva a uma paz negociada." Quatro dias depois, Halder registrou em seu diário outra observação de Hitler: "Devemos encarar a possibilidade de que nenhum dos adversários principais [Alemanha e Grã-Bretanha] consiga aniquilar, ou derrotar de maneira decisiva, o outro."[6] Note-se que Hitler falava desse modo quando, no front central, o exército de Fedor von Bock ainda avançava gradualmente na direção de Moscou, mais de duas semanas antes de Zhokov começar a obrigar os alemães a recuar nas cercanias daquela cidade, e mais de duas semanas antes de Pearl Harbor obrigar os Estados Unidos a entrar na guerra. Mais importante: agora toda a sua estratégia havia mudado. Ele sabia que não poderia mais ganhar a sua guerra, sua guerra de enfrentamentos curtos. Mas também sabia que não tinha perdido – e que podia forçar um ou outro de seus inimigos a negociar com ele um armistício ou a paz. Seu modelo não era mais um super-Bismarck. Agora era Frederico, o Grande, que, na Guerra dos Sete Anos, 1757-63, foi vitorioso contra uma coalizão poderosa, mas temporária, de seus inimigos, derrotando (ou eliminando) um deles, o que fez com que a coalizão desmoronasse. Hitler acreditava que a aliança de Churchill, Roosevelt e Stálin, entre capitalistas e comunistas, era contra a natureza e não iria perdurar; acabaria sendo rompida. (E realmente foi desfeita, mas tarde demais para ele.) Hitler também ordenou a reforma da economia alemã, transformando-a numa economia de guerra total, e não parcial. Agora se preparava para uma guerra longa.[7] Ideólogo e estadista, há múltiplas evidências dessa mistura – bem como dos paradoxos de sua mente.

Assim como havia paradoxos também na mente de Stálin. Vimos que mesmo antes de 1941 ele se via como um estadista acima de tudo. Também observamos que sua crença inabalável no valor de sua capacidade como estadista levou à catástrofe de 22 de junho, com todas as suas conseqüências. Mesmo assim, ele não deixou de se ver como estadista e de agir como tal durante toda a guerra. Litvinov observou uma vez que "Stálin não conhece o Ocidente". Sim e não. Stálin considerava, ocasionalmente, Churchill e até Roosevelt como adversários inteligentes. Mas, mesmo com sua astúcia e desconfiança características, veio a confiar em ambos ao menos em um assunto decisivo. Quando Molotov ou outra pessoa sugeriu que os alemães poderiam conseguir atrair os anglo-americanos para um armistício em separado, Stálin disse que Churchill e Roosevelt não fariam isso. Agora, finalmente, preferia que eles fossem os seus aliados, e não Hitler.

Mas devemos usar mais algumas palavras para descrever como Hitler e Stálin se sentiam, pensavam e falavam um sobre o outro mesmo depois de 22 de junho e durante a guerra. Mais de um livro foi escrito para comparar os dois; lamentavelmente, porém, incluíram pouco ou nada sobre seu relacionamento.[8] O respeito de Stálin por Hitler pode ser encontrado em algumas observações feitas na sua vida privada durante a guerra. Sua filha Svetlana lembra-se de o pai ter dito depois do conflito: "Junto com os alemães, teríamos sido invencíveis." Do outro lado, há muitas evidências do respeito de Hitler por Stálin. Numa ocasião, ele disse que Stálin era o único líder possível da Rússia, em outra que, se Stálin fosse capturado, ele o instalaria num palacete em Potsdam. Mais importante: apesar de seus discursos públicos, muito antes de 1945 Hitler deixara de acreditar no "bolchevismo judeu". Ele iria vociferar sobre isso até o fim (em sua última diretriz pública, expedida em 16 de abril de 1945), mas absolutamente não era assim que pensava. Entre outras coisas, sabia que Stálin também era anti-semita. (A isso podemos acrescentar outra consideração terrível: que nem Hitler nem Stálin demonstraram muito interesse, ou nenhum, pelo extermínio de milhões de judeus durante a guerra.)

Chegamos ao fim de nosso relato. A admiração por Stálin e pela Rússia durante a guerra é outro capítulo da história. Não duraria. Em 1941, a Rússia parecia apenas outra presa débil e desorganizada para o Terceiro Reich. Em 1945, a Rússia de Stálin era a maior potência da Eurásia, um das principais potências de todo o globo, única rival dos Estados Unidos. Isso também não duraria – mais uma vez, principalmente, devido à personalidade de Stálin. Em 1941, ele falhou pela excessiva confiança em Hitler; após 1945, errou por sua excessiva suspeita em relação aos Estados Unidos. Explicar isso exigiria outro livro. Pode ser suficiente afirmar neste momento que em 1945 e nos anos seguintes, ele temia ainda mais a amizade dos Estados Unidos (e do Ocidente) do que a hostilidade daquele país. Se Stálin tivesse aceitado a proposta norte-americana de que o Leste europeu, ocupado por seus exércitos, fosse administrado por governos dependentes da Rússia e submissos a ela – mas não comunizados nem isolados do resto da Europa[10] –, a Guerra Fria não teria acontecido. Nesse caso, a Rússia teria ingressado numa nova fase de sua história trágica, sendo reconstruída no pós-guerra com a assistência da solidariedade e dos recursos norte-americanos. Mas isso não aconteceu. A visão de Stálin era que algo como um Plano Marshall para a Rússia, e a Europa oriental serviria como instrumento de difusão da influência norte-americana dentro da sua esfera, o que reduziria sua influência e poder. Então, pouco mais de 40 anos após 1945 (e pouco menos de quatro décadas depois de sua morte), o Império russo na Europa oriental entrou em colapso, ao mesmo tempo que o regime comunista da União Soviética. Os Estados Unidos se tornaram, então, a única superpotência mundial – uma das conseqüências despropositadas da invasão da Rússia por Hitler em junho de 1941.

•••

Infelizmente, ainda é usual a concepção equivocada de que o historiador, empregando métodos adequados a seu ofício, pode fazer uma reconstrução tão precisa dos acontecimentos do passado e de seus atores, que torna artigo de fé o registro de uma parte ou período da história, que passa a ser definitivo, imutável e perene. Não é assim. Não apenas porque, diferentemente do direito, a história permite que seus estudiosos se envolvam em múltiplos riscos – ou seja, repensar e avaliar novamente, repetidas vezes, os registros e o significado dos fatos e de seus atores. O dever mais importante (e, sim, perene) do historiador é lutar contra o predomínio das inverdades, já que a busca da verdade é freqüentemente uma luta através de uma selva de sentimentos e relatos distorcidos dos "fatos". Essas concepções e esses relatos equivocados incluem a tendência a encarar a maior parte do século XX, se não toda a sua história, como um combate entre o capitalismo e o comunismo, ou entre a "liberdade" e o "mal". Discussões sobre a guerra preventiva de Hitler e a teoria das duas guerras são conseqüências dessa tendência. Não devemos subestimar a atração que exercem essas simplificações ideológicas da história. Apenas alguns anos após o fim da Segunda Guerra Mundial, elas conduziram os Estados Unidos a uma revolução de sentimentos no qual o anticomunismo se tornou um poderoso substituto (e freqüentemente sinônimo) do patriotismo norte-americano. Trinta anos mais tarde, levou ao governo triunfalista de Ronald Reagan, que, três décadas após a morte de Stálin, continuava chamando a União Soviética de "império do mal" e armando os Estados Unidos contra ele na terra, no mar, no ar e no espaço. Poucos anos depois, quando o domínio comunista começou a desmoronar na Europa oriental, o próprio Reagan achou melhor repensar algumas de suas opiniões. No entanto, já em outubro de 1989, William F. Buckley, Jr., prestigiado escritor que influenciou o movimento "conservador" responsável por conduzir Reagan ao poder, escreveu em sua revista: "Será que as coisas teriam sido melhores se Hitler tivesse conquistado Moscou? Dificilmente poderiam ter sido piores." Teriam sido piores, pois Hitler então se tornaria quase invencível – não eternamente, mas por um período dolorosamente longo.

Sobre os dois equívocos já mencionados, mas ainda prevalecentes, o que se refere à guerra preventiva é o mais fácil de derrubar. Vimos que quase tudo que sabemos sobre as crenças, palavras e atos de Stálin, antes de junho de 1941, é prova do contrário. Acrescentem-se a isso as evidências dos documentos militares alemães da época, segundo as quais a maior parte das preparações militares russas – na verdade, todas elas – foi "defensiva". Considere-se também o que Goebbels e sua propaganda informaram ao povo alemão em 22 de junho: que a guerra da Alemanha contra a Rússia destinava-se a evitar um ataque russo. O próprio Hitler disse a Ribbentrop em 18 de junho: "Enfatize os incidentes de fronteira" para provar que a invasão da União Soviética era uma invasão preventiva. E, no entanto, é nisso que, mais de meio século depois, algumas pessoas acreditam (e escrevem sobre isso). A tendência a afirmar que Hitler meramente previu o plano de Stálin de atacá-lo permanece popular, talvez especialmente na Alemanha.[11]

Mas, pelo menos na maioria dos casos, o propósito dos teóricos da guerra preventiva não é desculpar Hitler. Em vez disso, é absolver a história alemã na Segunda Guerra Mundial. Os argumentos ainda muito difundidos da teoria das duas guerras sugerem que o Terceiro Reich enfrentou dois conflitos, um contra o Ocidente e o outro contra a União Soviética, tendo sido o primeiro deles evitável e lamentável, e o segundo, não. Além disso, a teoria afirma que foi uma limitação do Ocidente, e de Churchill e Roosevelt, não reconhecer isso. Por trás de todos esses argumentos está a sugestão sutil, e às vezes nem tanto, de que o comunismo era tão ruim quanto o nacional-socialismo (sim, verdade para algumas pessoas, mas não para outras); e de que o nacional-socialismo foi apenas uma reação aos males do comunismo (o que é inteiramente falso).

Mas os temas deste livro não são os "ismos", e sim Hitler e Stálin. Pelo menos duas gerações nos separam desses dois homens. Agora podemos ver Hitler e Stálin como personagens de um século de transição. Mais do que isso: suas vidas fizeram parte do fim de uma era que durou, em termos gerais, de 1500 a 2000, a chamada Idade Moderna. Embora diferentes entre si, como eram a Alemanha e a Rússia, ambas reagiram contra o chamado Iluminismo, ou a Idade da Razão. Mais precisamente: contra o mundo da civilização burguesa que atingiu o auge por volta da época em que Hitler e Stálin nasceram. O que eles foram, e o que fizeram, foi e continua sendo impressionante. Foram protagonistas e líderes de seus povos – e no entanto, tal como Pirro perto do fim da grandiosa Idade Helênica, presos a um passado, a seus respectivos passados, a despeito do quanto tenham tentado transformá-lo. Hitler e Stálin foram gigantes. Mas parece que a Providência não permitirá que gigantes governem o mundo, ou mesmo a maior parte dele. O que pode ter sido mais estranho do que o fato do principal agente punitivo da Alemanha e do fim de Hitler ter sido o Exército Vermelho de Stálin? Como diz um grande provérbio português: Deus escreve certo por linhas tortas.

Apêndice O MISTÉRIO DA "CARTA" DE HITLER E O PLANO MENSAGEIRO

Hitler escreveu – supostamente – duas cartas a Stálin durante os seis meses que precederam o 22 de junho de 1941. Foram – mais uma vez, supostamente – respostas a cartas que Stálin lhe havia escrito. As duas cartas de Hitler, datadas de 31 de dezembro de 1940 e 14 de maio de 1941, foram publicadas na íntegra no livro recente de David Murphy.[1] Das duas, a primeira pode ser de especial interesse.

Reproduzo aqui o seu conteúdo:

•••

14 de maio de 1941

Caro Sr. Stálin,

Escrevo esta carta no momento em que finalmente concluí que será impossível alcançar uma paz duradoura na Europa, para nós ou para as futuras gerações, sem a desintegração final da Inglaterra e sua destruição como Estado. Como o senhor sabe, há muito tempo tomei a decisão de implementar uma série de medidas militares para atingir esse objetivo.

Entretanto, quanto mais se aproxima a hora de uma batalha decisiva, maior o número de problemas com que me defronto. Para a grande maioria do povo alemão, nenhuma guerra é popular, especialmente contra a Inglaterra, já que os alemães consideram os ingleses um povo fraterno e uma guerra contra eles, um evento trágico. Não vou esconder que tenho me sentido da mesma forma e várias vezes ofereci à Inglaterra condições de paz benevolentes, levando em consideração a situação militar daquele país. Mas as respostas ofensivas às minhas propostas de paz e a expansão continuada da Inglaterra, no campo das operações militares, com a óbvia intenção de atrair o mundo inteiro para a guerra, me convenceram de que não há outra forma de enfrentar esta situação a não ser com a invasão das ilhas e a destruição definitiva daquele país.

A inteligência inglesa, contudo, começou a utilizar claramente o conceito de "povos fraternos" para seu próprio fim, aplicando-o com sucesso em sua propaganda.

Conseqüentemente, a oposição a minha decisão de invadir as ilhas tem atraído muitos setores da sociedade alemã, incluindo membros dos escalões mais elevados do Estado e líderes militares. O senhor certamente está ciente de que um de meus representantes, o Sr. Hess, num rasgo de insanidade, creio eu, tomou um avião para Londres, realizando esse ato inacreditável, ao que me é dado saber, para despertar o bom senso dos ingleses. A julgar pelas informações que tenho, uma disposição semelhante se infundiu em vários generais de meu exército, particularmente os que têm parentes distintos na Inglaterra, descendentes das mesmas antigas e nobres raízes.

Em relação a isso, uma advertência especial é suscitada pelas seguintes circunstâncias. A fim de organizar as tropas para a invasão longe dos olhos do oponente inglês, e em conexão com as recentes operações nos Bálcãs, um grande número de meus soldados, cerca de 80 divisões, está estacionado nas fronteiras da União Soviética. Isso possivelmente provocou os rumores que agora circulam de um provável conflito entre nós.

Eu lhe asseguro, por minha honra como chefe de Estado, que não é esse o caso.

De minha parte, também reagi com compreensão ao fato de que o senhor não pode ignorar totalmente esses rumores e também dispôs na fronteira um número suficiente de soldados.

Nesta situação, não posso excluir completamente a possibilidade da deflagração acidental de um conflito armado que, dadas as condições criadas por essa concentração de tropas, pode assumir dimensões muito amplas, tornando difícil, se não impossível, determinar sua causa inicial.

Quero ser absolutamente sincero com o senhor.

Temo que alguns de meus generais possam embarcar deliberadamente num conflito desses para salvar a Inglaterra desse destino e estragar meus planos.

É questão de um mês no máximo.

Em aproximadamente 15-20 de junho, planejo iniciar um deslocamento maciço de tropas de suas fronteiras para o Oeste.

Em relação a isso, eu lhe peço, de modo mais insistente possível, que não aceite nenhuma provocação vinda dos meus generais que possam ter esquecido o seu dever. E, desnecessário dizer, tente não dar a eles um motivo. Caso se torne impossível evitar provocações de alguns de meus generais, peço-lhe que se contenha, não reaja e me avise imediatamente do ocorrido pelo canal que o senhor conhece. Só dessa maneira podemos atingir nossos objetivos, sobre os quais, ao que me parece, estamos claramente de acordo.

Agradeço-lhe por ter concordado comigo na questão que o senhor sabe qual é e lhe peço que me perdoe pelo método que escolhi para lhe entregar esta carta do modo mais rápido possível.

Continuo esperando nosso encontro em julho.

Sinceramente,
Adolf Hitler

•••

Permitam-me começar a análise desse "documento" com uma observação pessoal. Minha primeira reação ao lê-lo foi pensar que essa carta é uma fraude – ou seja: não é autêntica nem foi escrita por Hitler. A razão dessa impressão imediata foi, e continua sendo, o fato de que nem o conteúdo nem o estilo da carta são típicos de Hitler. Sob risco de parecer presunçoso, acrescento que esta é a terceira ocasião em que sou confrontado com falsificações envolvendo Hitler ou seus admiradores: nas duas situações anteriores, as evidências provaram que minhas dúvidas iniciais eram corretas.[2] Mas permitam-me agora voltar à prova documental em si. Não há vestígio dessa correspondência (pelo menos conhecido até agora), seja nos arquivos alemães seja nos russos. Evidentemente, é possível que tanto Hitler (bem no fim da vida) quanto Stálin tenham destruído essas cartas. Mas não temos provas de tal decisão com nenhum dos respectivos funcionários, em especial do lado alemão. (Afinal, alguém deveria ter traduzido a carta de Stálin para o alemão, e outra pessoa deveria tê-la datilografado para Hitler em sua máquina especial com letras grandes.) Quando, 40 anos depois de 1941, perguntaram a Molotov sobre essas cartas, ele respondeu: tolice. Há uma prova, mais uma vez suposta, de sua existência do lado russo. Em 1966, o marechal Zhukov teria tido uma conversa com dois escritores russos, Konstantin Simonov, um jornalista, e Lev Bezhimensky, também jornalista e ex-diplomata. As cartas mencionam um episódio quando, em 15 de junho de 1941, Stálin realmente tirou a carta de Hitler de sua escrivaninha, mostrou-a e leu parte dela para Zhukov. "Leia."[3] No entanto, de acordo com o erudito historiador russo Sergei Slutsch, Stálin nunca esteve a sós com Zhukov; segundo os registros das audiências de Stálin, certamente não em 15 de junho.

Se pudéssemos ver o documento real, a análise do papel, da assinatura de Hitler etc., isso poderia nos dizer alguma coisa. Mas o que existe são transcrições. A isso me permitam acrescentar que Hitler era geralmente muito cuidadoso com suas cartas, em parte pela sua suspeita e desapego à palavra escrita. Prova disso é sua única carta autêntica a Stálin, de 20 de agosto de 1939, ao mesmo tempo indireta e muito cautelosa, permitindo Ribbentrop, seu ministro das Relações Exteriores, a autorizar o embaixador alemão em Moscou a se apresentar a Molotov "e lhe entregar o presente telegrama do Führer a herr Stálin". Segue-se o texto, após o qual: "Por favor, entregue a herr Molotov o telegrama acima, do Führer a Stálin, por escrito, numa folha de papel sem timbre."[4]

Mas agora chegamos à origem dessa suposta correspondência, cuja história pode ser suficientemente significativa para não descartarmos o assunto de imediato. E isso envolve três encontros de duas pessoas muito diferentes, os dois embaixadores: Schulenburg, o velho aristocrata, encarnação remanescente da velha Europa, embora ainda empregado no Ministério das Relações Exteriores do Terceiro Reich, e Dekanozov, ex-subordinado de Beria, amplamente ignorante em relação à Europa, sem educação nem cultura, um joão-ninguém. A iniciativa do encontro partiu de Schulenburg, que estava profundamente deprimido, mas também impressionado por dois motivos. Um deles era o modo como Hitler o recebera apenas uma semana antes, deixando de ouvir grande parte de seu argumento sobre a falta de disposição de Stálin para desafiar a Alemanha. O outro assunto era a avaliação de Schulenburg da imensa importância, para ele, do fato de Stálin assumir a chefia do governo da União Soviética em 5 de maio.[5] Schulenburg então pediu que Dekanozov fosse à embaixada da Alemanha (para o café da manhã). Dekanozov estava em Moscou. (Em 1º de maio, Stálin mandou que Dekanozov ficasse ao lado dele na grande parada realizada anualmente na Praça Vermelha, indicando ao mundo – e evidentemente a Berlim – como era importante sua relação com a Alemanha.) Dekanozov não falava alemão. Pavlov, seu intérprete, e Hilger, conselheiro de Schulenburg, estavam presentes.

Schulenburg iniciou a conversa: disse que algo deveria ser feito para normalizar as relações russo-germânicas. De início, Dekanozov foi frio e cauteloso, falando pouco ou nada. Schulenburg disse que eles precisariam discutir mais esse assunto, devendo encontrar-se outra vez antes do retorno de Dekanozov a Berlim. Quatro dias depois, no dia 9, Dekanozov pediu que Schulenburg se encontrasse com ele na hospedaria do Ministério soviético das Relações Exteriores. (Provavelmente a conversa deles foi transcrita.) Temos toda a razão de acreditar que entre 5 e 9 de maio Dekanozov se reuniu com Stálin e Molotov. Dessa vez a conversa dos dois embaixadores se estendeu por duas horas. Schulenburg falou de forma muito aberta, ousada até. Disse que Hitler estava "insatisfeito" com a Rússia. Dekanozov afirmou que uma ação possível seria uma declaração conjunta, ou comunicado, de Moscou e Berlim, garantindo as intenções pacíficas das duas potências. Schulenburg disse que sim, mas que era preciso acelerar as coisas. Seria melhor se Stálin escrevesse essa carta a Hitler, que então poderia enviar sua resposta por um mensageiro num avião especial, de modo que o problema pudesse ser resolvido prontamente.[6] No dia seguinte (10 de maio), Stálin e Molotov ordenaram a expulsão de Moscou das delegações diplomáticas belga, norueguesa, grega, holandesa e iugoslava. Em 12 de maio, Schulenburg e Dekanozov tornaram a se encontrar, dessa vez na residência do embaixador alemão. Decerto não havia motivo para pressa: Dekanozov voltaria a Berlim de trem no final daquela tarde. Ele foi, então, menos cauteloso do que Schulenburg. Segundo seu resumo: "Agora assumi a iniciativa." Schulenburg começou a conversa: um mensageiro diplomático tinha chegado de Berlim sem nada de novo. Dekanozov disse que falara com Stálin e Molotov.[7] (Na verdade, ele tinha instruções por escrito de Molotov.) Eles lhe disseram que concordavam em princípio com uma troca de correspondência;

que o comunicado conjunto deveria referir-se apenas à Rússia e à Alemanha; que Stálin tinha dito que Schulenburg deveria discutir o conteúdo da carta e do possível comunicado com Molotov. Schulenburg respondeu que não tinha autoridade para tanto. Repetiu que seria melhor se Stálin enviasse uma mensagem pessoal a Hitler. Mas ele teve de enfatizar a Dekanozov que "não o revelasse como o autor dessa proposta". Talvez em algum momento no futuro ele mencionasse o fato em suas memórias.[8]

Stálin escreveu essa carta a Hitler? Não existem provas quanto a isso. Mais significativamente, nada disso foi mencionado por Dekanozov ou por seu filho Reginald.[9] Se tal carta existisse, teria sido levada a Berlim pelo próprio Dekanozov, que chegou àquela cidade no dia 13. Vimos que a "resposta" de Hitler a Stálin é de 14 de maio – assim sendo, numa pressa um tanto incomum. Há pelo menos dois aspectos nessa – suposta, repito – carta de Hitler, no entanto, que exigem alguma consideração ou, em linguagem direta, fazem pensar. Um deles é a última frase: "Peço-lhe que me perdoe pelo método que escolhi para lhe entregar esta carta do modo mais rápido possível" – referência a um misterioso plano mensageiro. Há alguma evidência – embora muito tênue – de que em 15 de maio um avião alemão voou para Moscou, "pelo espaço aéreo soviético, sem ser detectado e aparentemente não-autorizado; infringindo todos os regulamentos, aterrissou no aeroporto central [em Moscou]. Ali, não apenas teve autorização para aterrissar como foi reabastecido para a viagem de volta e obteve permissão para deixar o espaço aéreo soviético."[10] Não há mais que um artigo russo sobre esse evento implausível e quase inacreditável. Hitler tinha seus pilotos favoritos e de confiança, em cujas memórias não há nada sobre isso. E mais: o que aconteceu com a carta de Hitler depois que o piloto pousou em Moscou? Deveria ter sido entregue por alguém em algum lugar, traduzida, levada para o

Kremlin etc. (E por que não pela embaixada alemã, já que Hitler conhecia as posições políticas de Schulenburg?)

O outro aspecto – tão implausível a ponto de ser quase sem sentido – é a repetida declaração de Hitler sobre seus generais potencialmente desobedientes, reacionários e pró-britânicos, atacando a Rússia contra suas instruções "para salvar a Inglaterra desse destino e prejudicar meus planos".[11] Qualquer um que conheça alguma coisa sobre Hitler, o Terceiro Reich e seus generais diria na época, como ainda hoje: se você acredita nisso, pode acreditar em qualquer coisa. E Stálin acreditou. Mas ainda permanece a questão: por quê? Vimos que ele confiou em Hitler até o fim – na verdade, que o respeitou mesmo depois disso. Como Pascal disse uma vez, o amor não é cego. Ocorre que o olho do amante focaliza de forma diferente, quando o desejo é o pai do pensamento. A principal convicção de Stálin era que Hitler não começaria uma guerra em duas frentes enquanto ainda estivesse lutando contra a Inglaterra. Mas, ao menos no início de junho, a quantidade de evidências de que a Alemanha poderia atacar se tornara tão grande e tão poderosa que não é razoável imaginar que a mente dele simplesmente se recusava a olhar em frente. O que aconteceu então foi uma pequena, mas importante, guinada em sua imaginação atormentada: a idéia de que Hitler era uma coisa e os militares alemães eram outra, que Hitler não o atacaria, mas alguns de seus generais poderiam fazê-lo. Mas seria essa tendência um resultado da carta de Hitler? Ou teria sido reforçada por ela? Não penso assim. Creio que não existiu essa carta. Não consigo nem imaginar que ela pudesse ter sido escrita por ordem de Hitler. Teria sido forjada por ordem de Stálin? Isso também é improvável. Talvez – digo talvez – tenha sido elaborada postumamente por alguém com o objetivo de melhorar a memória de Stálin, sua responsabilidade pela cegueira que impôs a si próprio em junho de 1941.

(Observe-se que na carta de Hitler não há referência a uma carta de Stálin nem o registro de que ela tenha sido recebida.) Sim, Hitler sabia no que Stálin queria acreditar, com ou sem carta. Mas o que quer que tenha acontecido naqueles dez dias, de 5 a 15 de maio de 1941 – quer tenham trocado cartas ou não –, isso não mudou o curso final dos acontecimentos.

NOTAS

1. UMA PERSPECTIVA HISTÓRICA *(p.7-9)*

1. Seguiu-se uma sangrenta guerra civil, a Rússia perdeu partes de seu Império no Leste europeu, a fome tomou conta de uma porção de seu território, a produção agrícola e industrial caiu abaixo das taxas do pré-guerra por quase duas décadas.

2. HITLER *(p.13-40)*

1. Ele não disse nada sobre o que a Grã-Bretanha e a França teriam feito durante e após uma conquista da Rússia pela Alemanha. Será que pensava que esses países, a Grã-Bretanha em especial, iriam simplesmente aceitar isso, em 1914 ou depois?

2. Ele não disse nem escreveu nada sobre os limites orientais de tal Império germânico, nem se permitiria que, entre a Alemanha e a Rússia, houvesse uma Polônia.

3. A dualidade estava ligada ao seu estilo reservado (característica de Hitler freqüentemente obscurecida por sua loquacidade discursiva). Ao almirante Raeder, ele disse, em 1939, que guardava três tipos de segredos: "O primeiro, quando falamos entre nós; o segundo, que mantenho para mim mesmo; o terceiro, sobre problemas

relativos ao futuro e a respeito dos quais devo continuar pensando." Lukacs, *O Hitler da história*, p.192.

4. Depois de se assegurar de que a aliança franco-polonesa estava se enfraquecendo, de que nem os franceses nem os poloneses atacariam a Alemanha antes que ele pudesse derrubar as restrições militares impostas a seu país pelo Tratado de Versalhes.

5. Totalmente contrário ao que o historiador britânico A.J.P. Taylor apresenta em *The origins of the Second World War*. Sobre isso ver: Lukacs, op.cit., p.119.

6. Há um documento – uma suposta declaração de Hitler – que os historiadores têm citado com freqüência, que relata uma conversa de Hitler com o suíço Carl J. Burckhardt, alto comissário em Danzig, um estadista diletante de visão conservadora, em 11 de agosto de 1939. "Tudo que eu realizo se dirige contra a Rússia; se o Ocidente é estúpido e cego demais para perceber isso, serei forçado a buscar entendimento com os russos, derrotar o Ocidente e, depois de sua derrota, voltar com todas as minhas forças contra a União Soviética. Preciso da Ucrânia, para que eles não consigam expulsar-nos pela fome, como na última guerra." Um grande historiador alemão da Segunda Guerra Mundial, Andreas Hillgruber, chamou isso de "presciente", "profético". Nem tanto. Há questionamentos sobre (1) o propósito e (2) a autenticidade dessas palavras de Hitler. O Führer conhecia a reputação de Burckhardt em Paris e Londres. Se essas foram de fato suas palavras, seu destino era, obviamente, Paris e Londres via Burckhardt. São mais sérias as evidências apresentadas pelo historiador e biógrafo suíço Paul Stauffer, em suas obras *Sechs furchtbahre Jahre* e *Zwischen Hoffmanstahl und Hitler*; *Burckhardt* sobre as muitas citações incorretas atribuídas a Burckhardt. Sobre outro documento, muito citado, mas evidentemente forjado (o suposto discurso de Stálin em 19 de agosto de 1939), ver p.61.

7. Pode ser significativo o fato de que, quando essas terras foram conquistadas pelo Exército alemão em 1941-2, Hitler falou pouco e não deu nenhuma ordem em relação ao retorno desses alemães a suas terras ancestrais: outra indicação de que, a essa altura, o *Lebensraum* não era sua principal prioridade.

8. Mais ou menos o mesmo se aplica à Conferência de Ialta e ao início da Guerra Fria. A aceitação tácita por Roosevelt da divisão da Europa central e oriental com Stálin, e a concordância deste último

com a ampliação da "Declaração da Europa Libertada", diz pouco ou nada sobre o que seriam ou poderiam ser as condições dos governos dentro da esfera de ocupação soviética. Stálin interpretou isso à sua maneira, com base no pressuposto: "o que era seu era seu"; e o resto da Europa, "deles". A partir daí, as brutalidades agressivas da imposição – de início gradual – de regimes comunistas na Europa oriental levaram à Guerra Fria.

9. Quanto aos Estados Unidos, havia dois elementos nos cálculos de Hitler. Primeiro: uma vez eliminada a Rússia, o Japão se tornaria uma potência ainda mais forte no Extremo Oriente, e isso manteria os Estados Unidos apreensivos e ocupados naquela região. A outra expectativa, mais razoável: após a eliminação da União Soviética, como Roosevelt e Churchill poderiam ter a esperança de derrotar o Terceiro Reich na Europa? O povo norte-americano (e mesmo o britânico) não se voltaria contra eles? Com a Alemanha invencível, e com pelo menos um regime comunista eliminado, que sentido haveria em travar contra ele uma guerra que não poderia ser vencida?

10. Curiosamente, essa foi a primeira vez que uma eleição presidencial norte-americana desempenhou um papel nas grandes questões mundiais. Stálin achava melhor que a visita de Molotov a Berlim ocorresse depois da eleição nos Estados Unidos, que se realizaria em novembro. Por outro lado, Hitler criticava Mussolini por ter atacado a Grécia no final de outubro – também, antes da eleição.

11. Quando Churchill foi a Moscou, em agosto de 1942, Stálin lhe contou uma história. Os britânicos tinham enviado alguns aviões para sobrevoar Berlim e lançar algumas bombas durante a visita de Molotov. Segundo Stálin, quando Molotov e Ribbentrop desceram para o abrigo antiaéreo, Ribbentrop pressionou Molotov a entrar numa aliança mundial, ao que este respondeu: "E a Grã-Bretanha?" "A Grã-Bretanha", disse Ribbentrop, "está acabada." Molotov: "Se a Grã-Bretanha está acabada, por que estamos descendo para o abrigo e quem está lançando as bombas?" Churchill achou a história suficientemente engraçada para incluí-la em suas memórias de guerra. Estou convencido de que não há uma palavra verdadeira em todo o relato.

12. Diretriz confidencial de Hitler (nº 17) de 12 de novembro: "Não importa quais sejam os resultados destas negociações, todos os preparativos anteriores para o Leste [Rússia] devem prosseguir."

O trecho está relatado em: Messerschmitt, in Pietrow-Ennker, *Präventivkrig?*, p.27.

13. "As Forças Armadas germânicas devem estar preparadas para esmagar a Rússia soviética em uma campanha rápida mesmo antes do fim da guerra contra a Inglaterra." "Devo ordenar a concentração contra a Rússia soviética possivelmente oito semanas antes do que se espera ser o início das operações." "O objetivo principal da operação é estabelecer uma linha de defesa contra a Rússia asiática, algo que vá aproximadamente do rio Volga à cidade de Archangelsk."

14. "A nosso pedido, o governo soviético chegou a colocar à nossa disposição na fronteira da Manchúria um trem de carga especial para o transporte de borracha." *Nazi-Soviet Relations* (*NSR*), 1939-1941, p.318-9. Documentos dos Arquivos do Ministério das Relações Exteriores da Alemanha, organizado por Raymond James Sontag e James Stuart Beddie. Departamento de Estado, Washington, D.C., 1948 – exatamente no início da chamada Guerra Fria. (Walter Lippman escreveu que essa publicação foi indevidamente apressada.) Os norte-americanos recolheram cerca de 90% dos arquivos do Ministério das Relações Exteriores da Alemanha, cujos documentos foram microfilmados. Nos 15 anos seguintes ou mais, muitos desses documentos foram publicados em *Akten zur deutschen auswärtigen Politik 1918-1945*, série D, vols. 10-11. Durante pesquisas anteriores, confrontei os documentos traduzidos em *NSR* com os textos originais alemães. Estavam invariavelmente corretos.

15. Cuidadosamente, os russos pré-dataram o tratado para 5 de abril.

16. O documento-chave é o discurso proferido por Hitler em 30 de março para mais de 200 generais e que durou mais de duas horas: "Uma guerra de aniquilação." "O soldado russo não é um 'Kamerad'." "Uma guerra entre duas visões de mundo." "Bolchevismo é sinônimo de criminalidade." E, no entanto, aqui também se percebe sua dualidade de propósitos: "Neste momento, a Inglaterra deposita todas as suas esperanças na Rússia e nos Estados Unidos." Below, *Als Hitler Adjutant*, p.266. Novamente em 14 de junho: "Se perdermos esta guerra, toda a Europa se tornará bolchevista. Se os ingleses não virem e perceberem isso ..."

17. *Nazi-Soviet Relations*, 1939-1941, p.280.

18. Ibid., 352-3.
19. Idem.

3. Stálin (p.41-73)

1. Andrei Zhdanov, em 20 de novembro de 1940: "A nossa neutralidade é única. Ganhamos determinados territórios sem ir à guerra." Slutsch, in Pietrow-Ennker, *Präventivkrieg?*, p.95.

2. "Ivan Grozny" em russo, em que o adjetivo *grozny* também significa algo mais do que "terrível", sugerindo o sentido um tanto mais positivo ou mesmo reverente de "espantoso".

3. Montefiore, *Stalin*, p.177. Molotov: "Ivan [o Terrível] matou muito poucos boiardos. Deveria ter matado todos eles para criar um Estado forte." Ibid., p.231. (Segundo o Houaiss, "boiardo" se refere ao senhor feudal, grande proprietário de terra nos países eslavos, especialmente na Rússia. [N.E.])

4. É significativo que os termos "fascismo" e "fascista" fossem usados na União Soviética (e inadvertidamente adotados por seus adeptos no exterior) para designar seus adversários: os termos mais precisos "nazismo" e "nacional-socialismo" foram proibidos, aparentemente por ordem de Stálin, já em 1931-2.

5. O que sabemos é que no início de 1934, e novamente em 1937, dois funcionários soviéticos (primeiro Abel Yenukidze e depois David Kandelaki), bem conhecidos de Stálin, foram enviados a Berlim com a aparente tarefa de tentar ampliar as relações comerciais germano-soviéticas, mas também de pesquisar as chances de obter mais do que isso. Kandelaki era muito próximo a Stálin; entre 1935 e 1937, ele esteve 18 vezes com Stálin, o que era incomum. Ficou muito tempo em Berlim. Seus relatórios eram imprecisos e pouco inteligentes (o que, não por acaso, também vale para os despachos de muitos diplomatas soviéticos). Mais tarde, ele foi preso e morto a tiros.

6. O próprio nome que ele adotou deriva de uma transliteração russa da palavra alemã (*Stahl*) que significa aço.

7. Nekrich, "22 June 1941": *Soviet Historians and the German Invasion*, p.90.

8. Essas sardinhas então se tornaram freqüentes no cardápio da retórica diplomática. (A expressão "tirar a sardinha com a mão do

gato" [do original: "pulling the chestnuts from the fire"] fora freqüentemente usada por russos para criticar a Grã-Bretanha e a França durante a Primeira Guerra Mundial.) Hitler recorreu à mesma frase três semanas depois de Stálin em seu discurso de 1º de abril de 1939 em Wilhelmshaven: "Qualquer um que se declare pronto a tirar a sardinha com a mão do gato para as Grandes Potências deve estar ciente de que pode queimar as mãos nesse processo." Em 17 de maio, Ribbentrop disse ao núncio papal Cesare Orsenigo em Berlim: "A Rússia não está disposta a tirar a sardinha com a mão do gato pela Grã-Bretanha." *Actes et documents*, vol. 1, p.152.

9. Churchill, *Gathering Storm*, p.366.

10. Há registro fotográfico desse encontro jovial em que Stálin porta um cigarro na mão esquerda. Hitler ordenou que a foto fosse retocada: disse que numa grande ocasião como essa não devia haver uma foto informal de um grande estadista segurando um cigarro. No dia seguinte, Stálin despediu-se de Ribbentrop com as seguintes palavras: "O governo soviético leva muito a sério este novo tratado e dá sua palavra de honra de que a União Soviética jamais trairá seu parceiro." (Sobre o uso – suposto e incomum – por Hitler da expressão "palavra de honra", ver Apêndice, p.125)

11. Slutsch, "Stalins 'Kriegszenario 1939'". Além disso, a maioria dos membros do Politburo não soube de nada antes de 21-22 de agosto. Nikita Khrushchev e Kliment Voroshilov receberam ordem de ir caçar. Quando Khruschev indagou ao secretário de Stálin por que diabos Ribbentrop estava indo a Moscou, A. Poskrebyshev respondeu que Stálin e Molotov iriam informá-lo mais tarde.

12. Hitler também. Em 31 de agosto de 1939, Molotov declarou: "Hoje não somos mais inimigos, é um momento decisivo na história da Europa – e não apenas da Europa." E Hitler, em 1º de setembro: "Subscrevo o discurso de herr Molotov, palavra por palavra."

13. Exemplo: à diferença de outros judeus e "cosmopolitas" que foram mortos ou presos, Litvinov e Aleksandr Lozovsky foram poupados, o primeiro deles mantido como funcionário de médio escalão no Comissariado do Exterior (mas depois executado em 1952).

14. Dimitrov, *Diary*, 20 de abril de 1941.

15. Volkogonov, *Stalin*, p.552.

16. Goebbels escreveu em seu diário: "Isso nos é muito favorável.

Ele disse tudo que queríamos." *Tagebücher*, vol. 3, p.628. Na noite de 10 para 11 de novembro, 39 aviões alemães lançaram sobre as tropas francesas dois milhões de panfletos com o discurso de Molotov.

17. No entanto, em 23 de agosto, um artigo publicado no *Pravda* celebrava e louvava o primeiro aniversário do pacto Hitler-Stálin: "Um dos documentos mais importantes da história das relações internacionais em nossa era."

18. Também a esse respeito, Stálin agiu perfeitamente de acordo com a antiga diplomacia czarista. Estabeleceu relações diplomáticas com a Iugoslávia em junho de 1940, garantindo seu apoio à monarquia sérvia; em outubro e novembro, ofereceu apoio ao czar da Bulgária.

19. Stálin passou 14 diretrizes a Molotov antes que este viajasse para Berlim. Durante as negociações, Molotov pediu e obteve novas diretrizes de Stálin (em 13 de novembro).

20. Ele acrescentava – significativamente – que, se a Bulgária aceitasse um pacto de ajuda mútua com os soviéticos, estes não se oporiam a sua adesão ao Tratado Tripartite, ao qual, então, a própria União Soviética também poderia aderir.

21. Uma pequena prova da insistência de Stálin e Molotov a respeito de territórios envolveu o caso de Suwalki, um minúsculo triângulo de terra que, segundo o acordo de setembro de 1939, estava do lado alemão da linha divisória. Após extensas negociações, os alemães aceitaram as incessantes exigências dos russos, transferindo-lhes a propriedade desses poucos acres lamacentos em troca de 7,5 milhões de dólares (mais do que o czar recebeu, em 1867, por todo o Alasca). Em 22-23 de junho, o Exército alemão tomou Suwalki em questão de horas.

22. *Nazi-Soviet Relations*, p.324. Os japoneses ficaram fora de si de excitação. Que coisa inédita! Que honra! Seu embaixador em Moscou, igualmente bêbado, pulava de um lado para o outro, gritando: "Obrigado!" "Obrigado!" Ao dar adeus, o ministro das Relações Exteriores dirigiu-se a Stálin como "Sua Alteza". Uma geração depois, Henry Kissinger escreveu que "Richelieu ou Bismarck não teriam tido dificuldade em entender a estratégia [de Stálin]". Gorodetsky, *Grand delusion*, p.199. Bem, esse não era o mundo de Richelieu nem de Bismarck...

23. *Nazi-Soviet Relations*, p.344.

24. A idéia de que Stálin estava para atacar a Alemanha foi subscrita por Günter Gillessen no respeitável *Frankfurter Allgemeine*; por um austríaco, Ernst Topitsch; pelo historiador militar alemão Joachim Hoffman; por um biógrafo de Hitler (Werner Maser); e mesmo por um norte-americano (R.C. Raack). Esses autores tiveram apoio substancial de Viktor Suvarov (pseudônimo de um desertor soviético), pela figura dúbia do ex-agente da polícia secreta Pavel Sudoplatov, assim como pelos escritores e historiadores russos Vladimir Nevezhin, Shaptalnov e Metyukhov. No caso de alguns deles, o modo de difamar Stálin (e há muitos elementos para difamá-lo) foi, infelizmente, uma engenhosa atenuação do papel de Hitler – uma vez mais, que a invasão da Rússia em junho foi apenas uma reação aos planos de Stálin de atacar a Alemanha em julho.

25. É verdade que, por algum tempo, a doutrina militar soviética declarava que, em caso de guerra, havia a necessidade imediata de atravessar as fronteiras da União Soviética rumo ao território inimigo. (O que não foi feito pelo Exército Vermelho em 1938 e 1939, quando este impediu duas tentativas dos japoneses de invadir a Mongólia soviética.) Também, alarmados pelo óbvio e rápido aumento das forças alemãs na fronteira, em 15 de maio, os generais Georgi Zhukov e Semyon Timoshenko apresentaram um plano para uma ofensiva preventiva através da fronteira. Stálin o rejeitou de pronto.

26. Vinte e sete anos antes, ao irromper a Primeira Guerra Mundial, o jovem Schulenburg havia escrito a uma amiga russa sobre como era "desnecessária" essa guerra entre Alemanha e Rússia.

27. Hilger, *Incompatible Allies*, p.106. Quatro dias depois, Hitler concedeu uma doação de 200 mil reichmarks para ajudar a recuperar a propriedade campestre de Schulenburg.

28. Onde está essa carta? Será que tal correspondência existiu? Essa seqüência de eventos será tratada de forma um pouco mais detalhada no Apêndice.

29. Uma tentativa inicial e muito respeitável foi feita por A.M. Nekrich numa palestra proferida em Moscou no ano de 1965 (já republicada).

30. Ver em detalhes Murphy, *What Stalin Knew*. Também: *1941g*.

31. Um exemplo: o ministro soviético na Bulgária, sobre quem seu colega britânico escreveu: "Uma criatura bastante apalermada, obviamente com pavor de se comprometer."

32. Murphy, op.cit., p.87. Sorge foi preso pela polícia secreta japonesa no final de 1941 e executado três anos depois. Na década de 1960, foi declarado herói da União Soviética.

33. Rudolf von Scheliha, também conhecido como Harro Schultze-Boysen e Arvid Harnack, descoberto e executado em 1942. Ver também dois de seus importantes e precisos relatórios em 19 de maio e 26 de junho, *1941g*, docs. 493 e 570.

34. Murphy, op.cit., p.xv.

35. Ibid., p.165.

36. Dois informantes alemães de alto nível preveniram Moscou de que esses aviões germânicos agora portavam um amplo equipamento fotográfico.

37. *Nazi-Soviet Relations*, p.345-6.

38. Tendo Cripps partido para Londres, o encarregado britânico em Moscou (Bagalay) fez um protesto em relação ao texto do comunicado da Tass. Ele foi desprezado; *1941g*, docs. 522, 562.

39. Mas Beria não. No início de junho, ele estava convencido de que os alemães atacariam. Conseqüentemente, na noite de 14-15 de junho, ele ordenou a realização de "ações especiais": a deportação de dezenas de milhares de "elementos não-confiáveis" das populações bálticas – 60 mil estonianos, 36 mil letões e 75 mil lituanos (respectivamente: 6%, 1%, 8% e 3,7% dessas populações).

40. Gorodetesky, *Grand delusion*, p.299; mas essa informação (de Lev Bezymensky) não é totalmente fidedigna.

41. Goebbels, *Tagebücher*, p.668-9. Além disso: "Eu tenho muito menos apreço pela capacidade de luta dos russos, menos ainda que o Führer" (Ibid., p.695).

42. Elvin, *Cockney in Moscow*, p.53.

43. *Nazi-Soviet Relations*, p.355. De modo um tanto lamentoso, Molotov também relembrou o episódio iugoslavo de abril: teria sido essa uma das razões da desavença alemã com a Rússia? Ele esperava que não, pois isso agora era coisa do passado.

44. Montefiore, op.cit., p.358.

4. BERLIM *(p.77-81)*

1. Motivos e propósitos não são a mesma coisa. A psicanálise moderna, assim como grande parte da literatura, confunde ou ignora as diferenças entre os dois termos. Um motivo é um estímulo do passado; um propósito é um puxão do futuro.

2. Halder, *Kriegstagebuch*. Ver também Goebbels, *Tagebücher*, 18 de junho, sobre Churchill: "Se não fosse por ele, esta guerra teria terminado há muito tempo."

3. *Nazi-Soviet Relations*, p.351.

4. Ele não revogou essa ordem até 8 de dezembro, horas após Pearl Harbor e três dias antes de sua declaração de guerra aos Estados Unidos.

5. Lukacs, *Last European War*, p.139. Zoller, *Hitler Privat*, p.142-3, comentários de uma secretária de Hitler, Frau Christa Schroeder. Quarenta anos depois, nas memórias da própria Schroeder, *Er war mein Chef*, p.113: "A Rússia sempre foi estranha [*unheimlich*] para ele, algo como o fantasma do navio em *O holandês voador*. Quando perguntei por que ele vivia repetindo que essa decisão [de entrar em guerra contra a Rússia] fora a mais difícil de todas, ele respondeu: porque a Rússia pode ser uma grande bolha de sabão, mas também pode ser algo bem diferente disso."

6. Antes de ir dormir , Hitler disse ao seu ajudante-de-ordens: "Essa será a maior luta que nossos soldados terão de enfrentar nesta guerra." Below, *Als Hitlers Adjutant*, p.279.

5. MOSCOU *(p. 83-6)*

1. Hilger, *Incompatible allies*, p.336. (Alterei ligeiramente a inadequada tradução da descrição do gesto de Schulenburg por Hilger.)

2. Chou En-Lai (que muito mais tarde seria primeiro-ministro e chefe de Estado da China comunista, mas no momento estava em Chungking, junto com Chiang Kai-Shek) enviou um telegrama a Dimitrov em 21 de junho, dizendo que os alemães começariam a guerra em 24 horas. Dimitrov passou essa informação por telefone para Molotov (que não queria vê-lo). Molotov disse apenas que "a

situação não é clara. Um grande jogo está em andamento. Nem tudo depende de nós." Há uma sugestão (um tanto imprecisa) nos diários de Goebbels de que, como última tentativa, Molotov esperava ter permissão para ir a Berlim por volta de 15 de junho.

3. Elvin, *Cockney in Moscow*, p.58-9.

4. De acordo com o diário de Dimitrov, naquele dia ele disse: "Eles nos atacaram sem terem nos pedido coisa alguma, sem exigir qualquer tipo de negociação." Ou seja: por que Hitler não demandou dele alguma coisa, o que quer que fosse? ... Ainda eram essas as inclinações de Stálin? Provavelmente sim – exceto que Dimitrov não o viu em 22 de junho. (Será que ele disse isso ao telefone? Teria, afinal, encontrado tempo para falar com Dimitrov naquele dia?)

6. LONDRES *(p.87-92)*

1. Orwell, *Collected essays*, vol.2, p.403. (Isso teve um precedente: em 1914, correu um rumor nas ilhas britânicas de que tropas russas com neve nas botas tinham desembarcado na Escócia a caminho da frente ocidental na França.) Também o diário de Orwell para o dia 27 de junho: "Todos estão comentando por antecipação como deverão ser chatos os russos livres. Prevê-se que sejam exatamente iguais aos russos brancos. As pessoas têm visões de Stálin numa lojinha em Putney, vendendo samovares e dançando folclore caucasiano etc. etc."

2. Nesse momento, a inteligência já incluía, em seus relatórios, mensagens decodificadas das transmissões militares secretas da Alemanha, codificadas pela máquina germânica "Enigma", mais tarde denominada "Ultra".

3. Colville, *Fringes of power*, p.404.

4. Hitler explicando-se a seus gauleiters em 28 de agosto de 1939: "Um pacto com Satã para afastar o Diabo." Ver ainda: Below, *Als Hitlers Adjutant*, p.183.

5. Ivan M. Maisky, como de costume, passara o fim de semana em Bovingdon, na casa de campo de Juan Negrín, o "chefe" no exílio do antigo governo vermelho da Espanha. No sábado, recebeu um telefonema urgente de Cripps. Voltou para a embaixada, onde Cripps lhe contou que, segundo as últimas informações confiáveis, a invasão alemã teria

início na madrugada do dia seguinte, ou talvez no dia 29. Às 8h da manhã de domingo (já era tarde em Moscou), os funcionários da embaixada ligaram para a casa de Negrín, onde ele estava, para informá-lo de que a guerra havia começado. Ele voltou a Londres para ouvir o discurso de Molotov. Naquela noite, ouviria o de Churchill. Mas nos quatro ou cinco dias seguintes não recebeu informação alguma de Moscou.

6. Colville, op.cit., p.405-6.

7. Churchill, *Grand alliance*, p.371-3. Como a maioria de seus discursos, o efeito é maior ainda quando lido do que quando ouvido. O oposto se aplica aos de Hitler.

7. WASHINGTON – E AO REDOR DO MUNDO *(p.93-97)*

1. *Time*, 7 de julho de 1941. *Catholic World*, agosto de 1941: "Defender a democracia com a ajuda de Stálin seria como chamar Jesse James ou John Dillinger para manter a lei e a ordem."

8. A CRISE IMEDIATA *(p.101-9)*

1. É preciso considerar que os sentimentos de Beria a respeito de Stálin não eram simples: eram um misto de obediência e medo, respeito e ódio, como de fato transpareceu em suas palavras e em seu comportamento na época da morte de Stálin, em 1953.

2. A evidência documental desse episódio está num longo memorando escrito por Sudoplatov, em agosto de 1953 – após a morte de Stálin, e depois de Beria ter sido preso por Khrushchev e cia., sucessores de Stálin. Esse documento foi impresso em *1941g.*, doc. 651, mas com a observação final de que, em outros arquivos russos, não foram achados papéis ou documentos de tal encontro entre Sudoplatov e Stamenov. Há, no entanto, algumas evidências indiretas envolvendo o próprio Stamenov, que parece ter tido permissão para viver confortavelmente sob o regime comunista búlgaro (ele morreu em 1959). Em 1953, supostamente, dois homens foram enviados de Moscou a Sófia para interrogarem Stamenov, que não lhes disse coisa alguma. Também devemos considerar os propósitos de Sudoplatov ao escrever esse memorando em julho ou agosto de 1953. Ele tinha todos os motivos

para tentar salvar sua pele dissociando-se de Beria, ou mesmo acusando-o de "traição" (são essas suas palavras ao fim do memorando), num momento em que os capangas mais próximos deste (Dekanozov, por exemplo) estavam para compartilhar seu destino, a execução. Segundo Sudoplatov, Beria agiu sem o conhecimento de ninguém do governo soviético. Segundo Volkogonov, Stálin e Molotov sabiam – com efeito, ele relata que ambos se encontraram com Stamenov, o que considero totalmente implausível. Textos recentes sobre esse episódio podem ser encontrados em Pleshakov, *Stalin's folly* (que é inteiramente impreciso), e em artigos de Chizhikov e Nabojshchikov.

3. Churchill, *Grand alliance*, p.352-3.

4. Montefiore, *Stalin*, p.373. A invocação de Lênin por Stálin é interessante. Será que isso indica uma admiração respeitosa por Lênin, fundador do Estado soviético? Provavelmente sim – mas não é possível também que ele estivesse pensando no Lênin que, além de ter fundado o Estado soviético, se dispôs a pagar um preço (temporário) aos alemães em Brest-Litovsk a fim de salvar o que fosse possível? Se assim for, na noite de 28 de junho, Stálin deve ter percebido que um novo Brest-Litovsk não era mais possível – não com os exércitos alemães avançando em disparada, não com Hitler.

9. CONSEQÜÊNCIAS INDESEJADAS *(p.111-24)*

1. Stálin prometeu a Roosevelt declarar guerra ao Japão três meses após a rendição da Alemanha. Ele manteve sua palavra na data prometida. Sua declaração de guerra falava em vingar a derrota da Rússia para o Japão em 1905 (quando a humilhação russa e o triunfo japonês foram comemorados por Lênin).

2. O governo húngaro usou como pretexto as bombas russas que caíram em Kassa, cidade da Hungria, em 26 de junho. Mais de 60 anos depois, o assunto ainda é objeto de debate. Alguns detalhes reforçam a minha opinião de que esse incidente foi montado clandestinamente pela Abwehr [serviço de informações] alemã, em conluio com oficiais húngaros.

3. Um exemplo notável está nas próprias palavras de Churchill. Em março de 1942, ele conversou com o general Wladystaw Sikorski, chefe

do governo da Polônia livre em Londres. Admitiu que "sua avaliação da Rússia não era muito diferente" da de Sikorski, mas "enfatizou as razões que tornaram necessário assinar um acordo com a Rússia. Era o único país que tivera sucesso na luta contra os alemães. Destruíra milhões de soldados alemães e, no momento, o objetivo da guerra parecia ser nem tanto a vitória, mas a morte ou sobrevivência das nações que são nossas aliadas. Se a Rússia estabelecer um acordo com o Reich, tudo estará perdido. Isso não pode acontecer. Se a Rússia fosse vitoriosa, ela decidiria sobre suas fronteiras sem consultar a Grã-Bretanha; se ela perdesse a guerra, o acordo perderia toda a sua importância." *Documents of Polish-Soviet relations, 1939-1945* (Londres, 1961), vol.1, p.267-8.

4. Lukacs, *O Hitler da história*, p.211-2.

5. Sobre isso ver páginas 12, 26 e 91. O excelente historiador militar germânico Gerd B. Ueberschär e seu co-autor, Lev Bezynebsky, argumentam propriamente (*Der deutsche Angriff*, 13) que: "O '*Festlandsdegen-Motiv*' (a noção da Rússia como a arma de última instância da Inglaterra na Europa não foi o argumento decisivo para que Hitler fosse à guerra contra a União Soviética." Sim e não; ou melhor, não; verdade, mas não suficiente.

6. Halder, *Kriegstagebuch*, vol. 3, p.295, 306.

7. E, diferentemente das tropas de Napoleão, seus exércitos sobreviveram ao inverno russo e às primeiras retiradas forçadas. Disse ele em abril de 1942: "Nós dominamos um destino que destruiu um outro homem 130 anos atrás."

8. *Hitler and Stalin: parallel lives*, de Alan Bullock, é inútil: um duplo retrato cronológico, com idas e vindas no tempo e quase nada sobre suas relações, sobre como Hitler e Stálin se enxergavam (e falavam a respeito disso).

9. Como ocorreu com a Finlândia, um caso único, principalmente pelo respeito que Stálin tinha pelos finlandeses.

10. Um exemplo: o general Heinz Trottner (inspetor-geral aposentado do Exército da Alemanha Ocidental democrática) afirmou em 1997 que o que aconteceu em junho de 1941 foi, "antes de mais nada, uma guerra preventiva forçada e iniciada com o coração pesaroso." (O "coração pesaroso" de Hitler!)

11. Um exemplo disso foi a declaração do general Heinz Trottner em 1997: o que aconteceu em junho de 1941 foi, "antes de mais

nada, uma guerra preventiva iniciada por um coração angustiado". (O coração angustiado" de Hitler!)

APÊNDICE *(p.125-34)*

1. Murphy, *What Stalin Knew*, p.256-8.

2. O primeiro caso, em 1981, foi o aparecimento dos "diários" forjados de Hitler (os quais, infelizmente, foram aceitos de início como verdadeiros por historiadores sérios). Eu ainda não tinha visto os "diários", mas, conhecendo alguma coisa sobre Hitler, pensei imediatamente que eles eram implausíveis, em parte pela indisposição de Hitler para escrever (especialmente muito tarde da noite). O segundo caso, em 2001-2002, foi a – bem-feita – falsificação de uma transcrição alemã, supostamente lida por Hitler, de uma conversa telefônica captada e gravada entre Churchill e Roosevelt em julho de 1943 – infelizmente reproduzida em um livro nos Estados Unidos, com o óbvio propósito de difamar Churchill. (Ver meu artigo em *American Heritage*, novembro-dezembro de 2002.)

3. Zhukov – mais uma vez, supostamente – disse: "Receio que, depois de tantos anos, eu não consiga reproduzir exatamente as palavras de Hitler. Mas disso eu me recordo com precisão. ... Eu li o comunicado da Tass no número de 14 de junho do *Pravda*, e nele, para minha surpresa, descobri as mesmas palavras que tinha lido na carta de Hitler no gabinete de Stálin. Ou seja, nesse documento soviético, vi impressos os argumentos de Hitler." Murphy, op.cit., p.186-7.

4. *Nazi-Soviet Relations*, p.66-7.

5. Não se sabe ao certo de que modo Schulenburg tomou conhecimento da decisão do Politburo de nomear Stálin para aquele posto, tomada no final da noite anterior, mas só anunciada oficialmente no dia 6.

6. *1941g*, doc. 454.

7. Eles certamente conheciam as opiniões e intenções de Schulenburg. Entre outras coisas, os soviéticos grampearam o apartamento do general Ernst von Köstring, adido militar alemão, em Moscou. Ouviram Schulenburg conversando com ele, com amargura e desespero, sobre o fracasso de sua intenção de evitar a guerra com a Rússia. Numa ocasião, Schulenburg disse que seus esforços junto a

Hitler haviam sido infrutíferos; se insistisse mais, poderia até acabar num dos campos de concentração de Himmler. O conde Friedrich Werner von der Schulenburg, supostamente destinado pelos conspiradores anti-Hitler a se tornar o ministro das Relações Exteriores numa futura Alemanha, foi executado por ordem de Himmler em novembro de 1944. Nem ele nem sua família deixaram memórias.

8. *1941g*, docs. 458, 462. Uma vez mais – desnecessariamente – Dekanozov perguntou a Schulenburg se essa conversa fora proposta pelo governo alemão. Nem Schulenburg nem seu conselheiro Hilder deixaram notas sobre a conversa. Schulenburg insistiu que estava conversando com Dekanozov em particular.

9. Um pequeno resumo datilografado das relações russo-germânicas, escrito por Reginald, foi entregue a Montefiore. Dekanozov, próximo a Beria, foi executado por ordens de Khrushchev e cia. em 1953.

10. Murphy, op.cit., p.190, sobre o destino dos oficiais da força aérea russa que se envolveram – uma vez mais, supostamente – no evento.

11. Mais uma coisa estranha – a expressão de Hitler, muito incomum em se tratando dele: "Eu lhe asseguro, por minha honra como chefe de Estado ...", fazendo eco às palavras inesperadas de Stálin em agosto de 1939: "O governo soviético ... dá sua palavra de honra de que a União Soviética nunca trairá seu parceiro."

Documentos, livros e artigos consultados

No momento em que estou concluindo este livro, deve haver quase mil livros e artigos sobre 1941 publicados na Rússia nos últimos 15 anos. Alguns são mais disponíveis do que outros. Alguns baseiam-se em documentos de autenticidade questionável. De qualquer maneira, têm de ser lidos em russo. Só isso já torna necessariamente incompleta sua listagem com a finalidade de fornecer uma bibliografia em língua inglesa mais ou menos profunda (ou mesmo precisa). Os arquivos do governo de que alguns desses autores obtiveram seu material – o Arquivo da Presidência da Federação Russa (antigos arquivo do Politburo e Arquivos do Comissariado do Exterior), os arquivos do Estado russo, os Arquivos de Guerra do Estado russo – eram, e continuam sendo, apenas parcialmente abertos para os pesquisadores, e o acesso a eles varia segundo a ocasião. A isso devo acrescentar a advertência geral de que a história não é constituída apenas por documentos, enquanto ao mesmo tempo os documentos consistem em história: quem os escreveu, quando, por quê, para quem e com que finalidade? – considerações especialmente inevitáveis quando se trata de registros escritos por e para altos funcionários de um Estado policial.

A mais importante e confiável coletânea de documentos, incluindo mais de 650 relacionados ao 22 de junho de 1941, é *1941g*, minha abreviação de *1941 god*, vol. 2 (março-junho de 1941), que consiste em documentos selecionados, comentados e publicados por um grupo de acadêmicos presididos por A.N. Yakovlev, em Moscou, 1998. Li muitos desses documentos que foram traduzidos para mim.* O que se segue é uma lista dos outros documentos, livros e artigos que consultei enquanto escrevia este livro. Ela está em ordem alfabética, sem comentários a respeito do conteúdo ou do valor de cada uma das fontes.

Actes et documents du Saint-Siège relatifs à la Seconde Guerre Mondiale. Vol.1, Cidade do Vaticano, 1965.

Akten zur deutschen auswärtigen Politik, 1918-1945. Série D, vols.10-11.

Barros, James, e Richard Gregor. *Double deception: Stalin, Hitler, and the Invasion of Russia*. Illinois, DeKalb, 1997.

Below, Nicolaus von. *Als Hitlers Adjutant, 1937-1945*. Mainz, 1980.

Belozerov, A.P. *Sekrety Gitlera na stole u Stalina*. Moscou, 1995.

Besymenski, Lew. *Stalin und Hitler: Das Pokerspiel der Diktatoren*. Berlim, 2002.

Bonwetsch, Bernd. "Stalins Äusserungen zur Politik gegenüber Deutschland, 1939-1941", in Ueberschär e Bezymenskij (orgs.), *Der deutsche Angriff*, p.145-164.

________. "Was wollte Stalin am 22. Juni 1941?" *Blätter fur deutsche und internationale Politik*, 1989, Heft 6.

Bunich, Igor. *Operatsiia "Groza"*. Moscou, 1997.

Chizikov, N. Artigo no *Komsomolskaya Pravda*, 24 de fevereiro de 2002.

Chuev, Feliks. *Molotov Remembers: Inside Kremlin in Politics*. Albert Resis (ed.), Chicago, 1991.

Churchill, Winston S. *The Gathering Storm*. Boston, 1948.

________. *The Grand Alliance*. Boston, 1950.

Colville, J. *The fringes of power: Downing Street diaries, 1939-1955*. Nova York, 1985.

Dimitrov, Giorgi. *The diary of Giorgi Dimitrov*. Ivo Banac (ed.), New Haven, 2003.

Elvin, Harold. *A Cockney in Moscow*. Londres, 1958.

Erickson, John. *The road to Stalingrad: Stalin's war with Germany*. New Haven, 1999.

* Especialmente os de números 437, 439, 454, 461, 462, 473, 493, 494, 512, 520, 522, 543, 552, 560, 561, 562, 574, 577, 581, 608, 611, 613 e 651.

FLEISCHHAUER, Ingeborg. *Die chance des Sonderfriedens: Deutsch-sowjetische Geheimgespräche, 1941-1945*. Berlim, 1986.

GILLESSEN, Günther. "Der Krieg der Diktatoren". *Frankfurter Allgemeine*, 29 de agosto de 1988.

GLANZ, David M. (org.). *The inital period of war on the Eastern front, 22 June-August 1941*. Londres, 1993.

GOEBBELS, Joseph. *Die Tagebücher von Joseph Goebbels: Sämtliche Fragmente*. Munique, vol.4, 1987.

GORODETSKY, Gabriel. *Grand Delusion: Stalin and the German invasion of Russia*. New Haven, 1999.

HALDER, Franz. *Kriegstagebuch: Tägliche Aufzeichnungen des Chefs des Generalstabes des Heeres, 1939-1942*, vol.3, *Der Russlandfeldzug bis zum Marsch auf Stalingrad* (22.6.1941-24.9.1942), H.-A. Jacobson (ed.). Stuttgart, 1964.

HILGER, Gustav, e Alfred G. Mayer. *The incompatible allies: a memoir-history of German-Soviet relations, 1918-1941*. Nova York, 1971.

KYNIN, G.P. "Unbekannte Aufzeichnungen von weiteren Unterredungen Shulenburgs mit Dekanozov in Mai 1941". *Berliner Jahrbuch für osteuropäische Geschichte*, 1994, vol. 1.

LUKACS, John. *The duel*. Nova York, 1991. [Ed. Bras.: *O duelo: Hitler x Churchill*. Rio de Janeiro, Jorge Zahar, 2002.]

_________. *The Hitler of history*. Nova York, 1998. [Ed. Bras.: *O Hitler da história*. Rio de Janeiro, Jorge Zahar, 1998.]

_________. *The last European war*, 1939-1941. Nova York, 1976.

MESSERSCHMITT, Manfred., in Pietrow-Ennker (ed.), *Präventivkrieg?*

MONTEFIORE, Simon Sebag. *Stalin: The Court of the Red Tsar*. Nova York, 2004.

MURPHY, David E. *What Stalin knew: the enigma of Barbarossa*. New Haven, 2005.

NABOJSHCHIKOV, G. *Nevski Vremya*, 22 de fevereiro de 2004.

Nazi-Soviet relations, 1939-1941. Documentos dos arquivos do Ministério do Exterior alemão. Departamento de Estado norte-americano, 1948.

NEKRICH, A.M. *Pariahs, partners, predators; German-Soviet relations, 1922-1941*. Nova York, 1997.

_________, in *"22 June 1941": Soviet historians and the German invasion*. Vladimir Petrov (org.). Columbia, S.C., 1968.

NEVEZHIN, V.A. *Sindrom nastupatelnov voiny: Sovetskaia propaganda v preddverii "sviashchennykh boev", 1939-1941*. Moscou, 1997.

_________. "Stalin's 5th May address: the experience of interpretation". *Slavic Military Studies* 2 (março de 1999).

_________. *Zastolnye rechi Stalina: Dokumenty i materialy*. Moscou, 2003.

ORWELL, George. *The collected essays, Journalism, and letters of George Orwell*, Sonia Orwell e Ian Angus (orgs.). Vol.2, Londres, 1968.

PAVLOV, L. G. Artigo em *Voenno-istorichesky Zhurnal*, n.6, 1990.

PIETROW-ENNKER, Bianka. "Deutschland im Juni 1941 – ein Opfer sowjetischer Aggression?" *Geschichte und Gesellschaft*, 1988.

_________ (org.)., *Präventivkrieg? Der deutsche Angriff auf die Sowjetunion*. Frankfurt, 2000.

PLESHAKOV, Constantine. *Stalin's folly: the tragic first ten days of World War II on the Eastern front*. Boston, 2005.

ROBERTS, Cynthia A. "Planning for War: the Red Army and the Catastrophe of 1941". *Europe-Asia Studies* 47 (1992), vol.47, 8.

ROZANOV, L.G. *Stalin-Hitler, 1939-41*. Moscou, 1991.

SCRHOEDER, Christa. *Er war mein Chef: Aus dem Nachlass der Sekretärin von Adolf Hitler*. Munique, 1985.

SCHUSTEREIT, Hartmut. *Vabanque: Hitlers Angriff auf die Sowjetuniun, 1941*. Herford, 1988.

SLUTSCH, Sergey. "Stalins 'Kriegszenario' 1939: Eine ede die es nie gab". *Vierteljahrshefte für Zeitgeschichte*, 2004/4.

_________. "Stalin und Hitler 1941. Kalkül und Fehlkakulationen der Kreml". Manuscrito não publicado, a sair no *Vierteljahrshefte für Zeitgeschichte*.

STEGEMANN, Bernd. "Geschichte und Politik: Zur Diskussion uber den deutsceh Angriff auf die Sowjetunion". *Beitrage zur Konfliktforshung*, 1987.

SUDOPLATOV, Pavel. *Special Tasks: The Memoirs of an Unwanted Witness, a Soviet Spymaster*. Boston, 1994.

SUVOROV [Rezun], Viktor. *Icebreaker: Who Started the Second World War*; trad. Thomas B. Beattie. Londres, 1990.

UEBERSCHÄR, Gerd R., e Lev A. Bezymenskij (orgs). *Der deutscheAngriff auf die Sowjetunion, 1941: die Kontroverse um die Präventivkriegsthese*. Darmstadt, 1998.

Vierteljahrshefte für Zeitgeschichte. Munique.

VOLKOGONOV, Dmitri. *Stalin: Triumph and tragedy*, organizado e traduzido por Harold Shukman. Londres, 1991.

VOSS, Stefan *Stalins Kriegsvorbereitungen*, 1941. Hamburgo, 1998.
WEBER, Reinhold W. *Die Enstehung des Hitler-Stalin Paktes* 1939. Frankfurt, 1980.
WETTE, Wolfram. "Über die Wiederbelebung des Antibolschewismus mit historischen Mitteln", in *Geschichteswende? Entsorgungsversuche zur deutschen Geschichte*. Freiburg, 1987.
WHALEY, Barton. *Code word Barbarossa*. Cambridge, Mass., 1974.
ZOLLER, Albert. *Hitler Privat*. Düsseldorf, 1949.

LIMITAÇÕES E AGRADECIMENTOS

Este livro é menos do que uma monografia e mais do que uma narrativa resumida. Sou fascinado pelas relações entre Alemanha e Rússia e pelas relações e reações de Hitler e Stálin, especialmente entre 1939-41, e já escrevi sobre o tema de modo detalhado em meu livro *The last European war, 1939-1941* (Nova York, 1976). Para esse trabalho anterior, tive acesso a arquivos alemães entre outros, mas não a arquivos russos. No caso deste livro, minhas limitações incluem a incapacidade de ler russo, o que me privou eventualmente da experiência por vezes prazerosa de descobrir e ler todo tipo de coisa em arquivos estrangeiros. Pude ler, no entanto, muitos documentos russos que vieram à tona nos últimos 20 anos – alguns como foram publicados; alguns em alemão ou em traduções para outras línguas. Muitos dos últimos foram lidos na biblioteca do Institut für Zeitgeschichte em Munique; boa parte dos documentos russos foi traduzida para mim (alguns oralmente, outros por escrito), durante e depois de minha visita a Moscou, pelo meu amigo e tradutor húngaro Miklós Nagy, fluente em russo e também versado nas condições e complexidades dos textos russos contemporâneos.

Sou grato a ele e especialmente ao professor Sergei Slutsch, em Moscou, por seus conselhos e avaliações criteriosas. Em Munique, agradeço ao antigo arquivista da biblioteca do Institut für Zeitgeschichte, Hermann Weiss, assim como ao Dr. Jürgen Zarusky. Igualmente ao professor Plamen Makariev, em Sófia, e a Vadim Staklo e sua mulher, Olga Lebedva, da Yale University Press.

Peço a meus leitores, eruditos ou não, que perdoem o emprego idiossincrático e conscientemente impreciso dos termos "Rússia" e "russo", quando "União Soviética" e "soviético" seriam mais apropriados. Ou ainda de Molotov como "ministro das Relações Exteriores" e de Stalin como "primeiro-ministro", quando seus cargos na época, eram respectivamente o de comissário para Assuntos Exteriores e o de presidente do Conselho de Comissários do Povo. Fiz isso para simplificar a narrativa em detrimento da nomenclatura precisa dos cargos.

2004-2005

ÍNDICE ONOMÁSTICO

Este livro foi composto por Letra e Imagem, em Minion, Caflisch Script
e Trajan, e impresso por Geográfica em março de 2007.